LOKALTEIL
VERLAG

STUTTGART *to go*

EIN SPAZIERBUCH

PATRICK MIKOLAJ

Der Autor

Patrick Mikolaj – geboren 1980 in Kirchheim unter Teck – ist heute mit Herzblut Stuttgarter. Der hauptberufliche Kaufmann stieß im Sommer 2012 als Blogger auf seiner Facebook-Seite UNNÜTZES STUTTGARTWISSEN überraschend auf großes Interesse. Zum erfolgreichen Blog erschien daraufhin im Lokalteil Verlag die gleichnamige Buchreihe. Mikolaj lieferte auch die Texte für mehrere Bücher der Reihe Stuttgarterle. Zum Thema UNNÜTZES STUTTGARTWISSEN zeichnet er zudem für mehrere erfolgreiche Stadtführungen verantwortlich.

UNNÜTZES STUTTGARTWISSEN

ist eine eingetragene Marke des Lokalteil Verlags

Alle Rechte vorbehalten.

Bildrechte bei Lokalteil Verlag.

Lektorat: Bärbel Philipp, www.textperlen.de
Gestaltung: Manuel Kloker
Druck: ZIS-Media, Freiberg am Neckar

Besuchen Sie uns auch im Internet
www.lokalteil-verlag.de

Impressum

4. Auflage 2020
© 2019 by Lokalteil Verlag
Am Kräherwald 205B, 70193 Stuttgart

INHALT

Die Spaziergänge

VORWORT

Dieses Buch will Sie verführen – zu spannenden Spaziergängen durch Stuttgart. Es will Sie neugierig machen auf die Stadt im Talkessel, will Ihnen all ihre Facetten zeigen. Und das direkt vor Ort.

Dieses Buch soll Sie stets auf Ihren Spaziergängen begleiten, denn es passt ganz einfach in Ihre Tasche. Es bleibt dank der Spiralbindung immer genau dort aufgeschlagen, wo Sie zuletzt in ihm gelesen haben. Jede Tour in diesem Buch behandelt ein bestimmtes Thema. Dabei führt es Sie durch alle Innenstadtbezirke, durch Parks, Gärten und Wälder und hinauf auf die Hügel.

Spazieren, entdecken, lernen – das erwartet Sie auf den folgenden Seiten.

UNNÜTZES STUTTGART WISSEN

STUTTGART to go – Ein Spazierbuch entstand in Zusammenarbeit mit UNNÜTZES-STUTTGARTWISSEN, einem der erfolgreichsten Stuttgart-Blogs im Internet.

Mit diesem Buch können Sie endlich all die spannenden Fakten und Geschichten direkt vor Ort sehen und erleben. Dieses Buch ist UNNÜTZES STUTTGARTWISSEN zum Anfassen!

MITTEN IN DER CITY

Jeder, der schon einmal in Stuttgart war, kennt die Königstraße und den Schloßplatz. Vielleicht besuchte man auch schon den Marktplatz zum Weihnachtsmarkt, den Schillerplatz zum Weindorf, den Schlossgarten zum Sommerfest oder den Karlsplatz, wenn dort der Fischmarkt gastiert. Doch entdecken Tagesbesucher – die zum Shoppen, zum Feiern oder der Automobilmuseen wegen in die Stadt kommen – eher selten die versteckten Gassen mitten in der City. Selbst die „Ureinwohner" kennen viele Ecken jenseits der großen Bundesstraßen nicht. Oder sie gehen täglich achtlos an kleinen Besonderheiten vorbei, die eine Stadt so spannend und individuell machen. So bewegen wir uns auf den folgenden Seiten dieses Buches mitten in der City und doch auf unbekannten Pfaden.

TOUR A

Auf unbekannten Pfaden

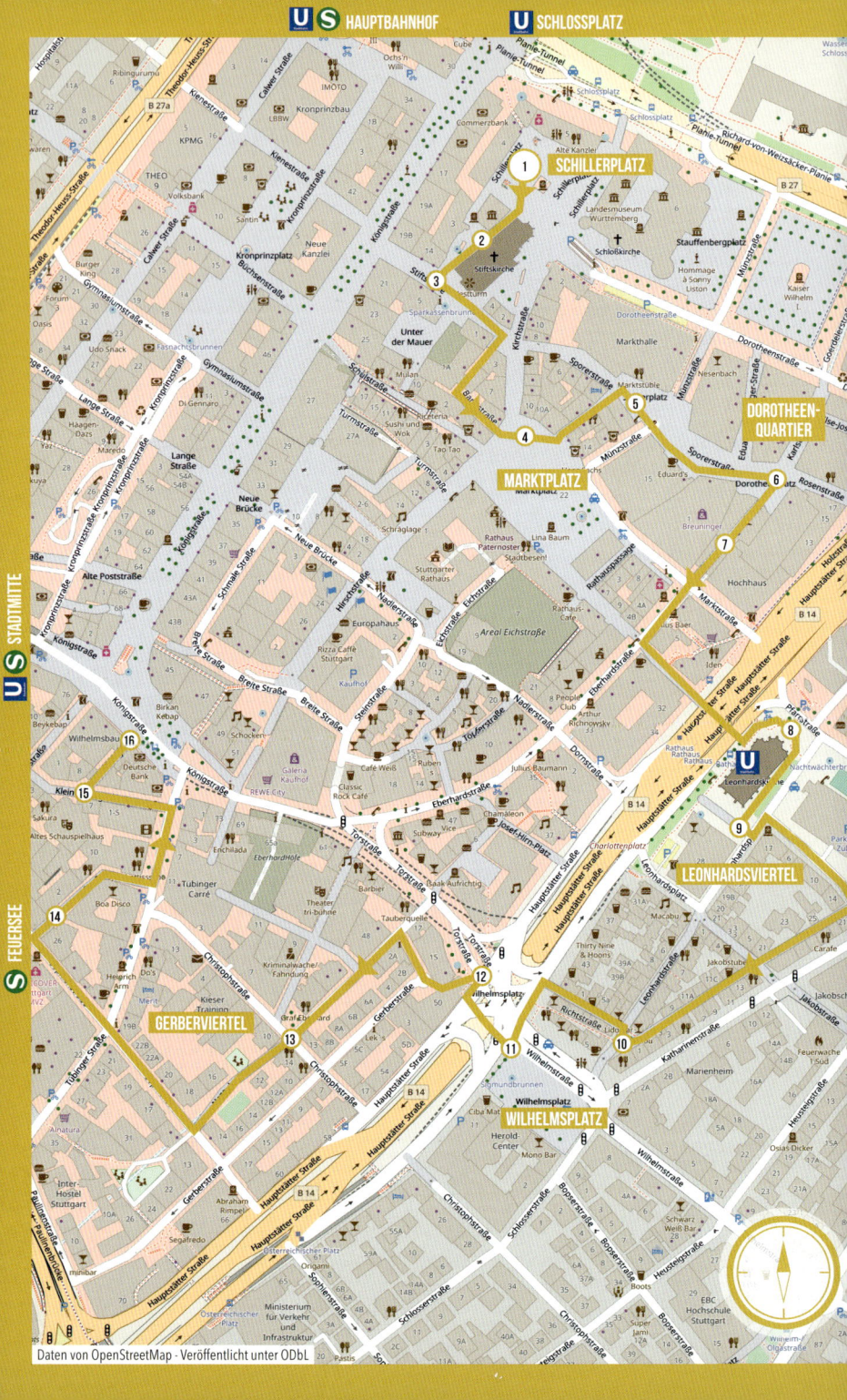

AUF UNBEKANNTEN PFADEN

MITTEN IN DER CITY

Der erste Spaziergang in diesem Buch führt uns mitten durch die City. Doch werden wir dabei nicht die üblichen Wege wählen. Verwinkelte Gassen und schmale Sträßchen führen uns zu den unbekannteren Ecken in der Innenstadt. Start dieses Rundgangs ist der Schillerplatz – der Ort, an dem auch die Geschichte Stuttgarts beginnt. Vermutlich um das Jahr 950 wurde genau dort nämlich ein Gestüt gegründet. Als die Pferde das Nesenbachtal längst wieder verlassen hatten, siedelten sich hier die Grafen von Württemberg an, ließen rund um den heutigen Schillerplatz das Alte Schloss und die Stiftskirche aus- und den Fruchtkasten sowie die Alte Kanzlei erbauen. Für Jahrhunderte war dieser Platz das Herzstück der Stadt, die sich erst ab Anfang des 19. Jahrhunderts ihres engen Korsetts – der Stadtmauer – entledigte und langsam wuchs. Innerhalb jener Mauern werden wir uns auf diesem Spaziergang bewegen und diesen vor dem ehemaligen Stadtgraben beenden.

 ca. 2,1 km

 ca. 50 Minuten

 Schillerplatz
Haltestelle Charlottenplatz
Haltestelle Schlossplatz

AUF UNBEKANNTEN PFADEN

Mitten in der City

1. Schillerplatz

Wir starten unseren Spaziergang auf dem Schillerplatz. Dieser hieß früher einmal Schloßplatz, da die Grafen und später die Herzöge im Alten Schloss residierten. Seinen heutigen Namen erhielt der Platz erst

1934. Das namensgebende Schillerdenkmal – das erste in Deutschland – befindet sich hingegen bereits seit 1839 im Zentrum des Platzes. Neben dem Alten Schloss reihen sich hier viele der ältesten Gebäude der Stadt anei-

nander. Der Stiftskirche schließen sich rechts der Fruchtkasten, der Prinzenbau und die Alte Kanzlei an. Allesamt wurden sie im Mittelalter erbaut.

Wir verlassen den Schillerplatz, indem wir den schmalen **Weg Am Fruchtkasten, rechts an der Stiftskirche vorbei,** nehmen und machen hinter dem Fruchtkasten Halt.

2. Hinter dem Fruchtkasten

Fruchtkasten ist ein anderes Wort für Getreidespeicher oder Kornhaus. Erbaut wurde dieser ursprünglich jedoch als Kelter. Im Zweiten Weltkrieg wurde das Gebäude schwer beschädigt, jedoch äußerlich weit-

gehend wiederhergestellt. Beim Wiederaufbau in den 1950er-Jahren brachte man hier an der rückseitigen Fassade die Figur des Stuttgarter Hutzelmännleins – aus einem Märchen von Eduard Mörike – an. Statt des Getreides beherbergt das Bauwerk heute die Musikinstrumentensammlung des benachbarten Württembergischen Landesmuseums.

Nur wenige Meter weiter entlang der Stiftskirche treffen wir auf die Stiftstraße und den Johannes-Brenz-Platz.

3. Johannes-Brenz-Platz

Der Vorplatz der Stiftskirche erhielt erst 1999 den Namen des württembergischen Reformators Johannes Brenz. Da dieses Gotteshaus die Hauptkirche der evangelischen Kirche in Württemberg ist, wurde der Ort bewusst gewählt. Die heutige Stiftskirche entwickelte sich aus einer kleinen Basilika, die im 13. Jahrhundert erbaut wurde. Sie ist somit – gemeinsam mit dem Alten Schloss – das älteste Bauwerk im Stuttgarter Talkessel. Der Sparkassenbrunnen vor der Kirche wurde 1955 aufgestellt. Die Dame in der Mitte hält Weintrauben als eine Art Erntedank in den Händen. Die Brunneninschrift bezieht sich auch auf das Sparen, was wegen der namensgebenden Sparkasse – die hier einst benachbart war – kaum verwundert.

Vom Brunnen aus gehen wir nach **links und folgen der Stiftstraße** einige Meter, bis wir **rechts in die Bandstraße** einbiegen. Diesem kurzen Sträßchen folgen wir, bis wir auf den Marktplatz treffen.

Die Bandstraße hat heute zwar eher den Charakter eines Hinterhofs, doch der Grundriss dieses historischen Straßenzugs wurde beim Wiederaufbau der Innenstadt nach dem Zweiten Weltkrieg beibehalten. Dies war übrigens auch bei vielen anderen, eher versteckten und verwinkelten Seitensträßchen in der City der Fall.

4. Marktplatz

Am Schillerplatz siedelte sich der Adel an, am Marktplatz die Kaufleute und das einfache Volk. Von den Fachwerkhäusern, die den Marktplatz einst säumten, überstand keines den Zweiten Weltkrieg. Einzig das Haus Marktplatz 14 – das letzte Gebäude am Platz zu unserer Linken – blieb teilweise erhalten. Die benachbarten Gebäude wurden alle im Stil der 1950er-Jahre erbaut, ebenso das Rathaus mit seinem markanten Turm. Dort hängen 30 Glocken, die fünfmal am Tag eine Auswahl von 20 Volksliedern spielen.

👣 Zwischen den farbigen Häusern biegen wir nun **links in die Bärenstraße** ein. Und treffen so auf den kleinen Sporerplatz.

> Die Bärenstraße wurde nach dem ehemaligen Gasthaus Bären benannt (Ecke Bären- und Sporerstraße), in dem einst auch der berühmt-berüchtigte Giacomo Casanova residierte.

5. Sporerplatz

Der kleine Platz entstand erst 2017, als der komplette Straßenraum zwischen Markthalle und Kaufhaus Breuninger neu geordnet wurde. Die Markthalle vor uns wurde 1914 eingeweiht. Das Jugendstilgebäude entstand vor allem zum Schutz der Marktleute vor der Witterung und zählt heute zu den beliebtesten Sehenswürdigkeiten der Stadt. Wenn wir hineinschauen, sehen wir direkt im Eingangsbereich im Boden eingelassene Bahngleise, da die Waren ursprünglich auf speziellen Wagen über die Straßenbahngleise angeliefert wurden.

👣 Wir gehen **rechts die Sporerstraße** entlang, bis wir auf den Dorotheenplatz treffen.

7. Karls-Passage

6. Dorotheenplatz

Auch der Dorotheenplatz entstand erst 2017 mit der Einweihung des sogenannten DorotheenQuartiers hinter dem Kaufhaus Breuninger. Das Quartier kann als eine Erweiterung des Nobelkaufhauses betrachtet werden, da hier zahlreiche Läden eher hochpreisige Marken im Sortiment führen. Links von uns sehen wir an der Karlstraße zwei sich gegenüberstehende Altbauten. Das erste, schmale Gebäude war einmal das Hotel Silber. Dort hatte die württembergische Gestapo ihren Hauptsitz. Das Gebäude wurde zum Gedenkort umgebaut und thematisiert die Verbrechen, die hier während des Dritten Reiches begangen wurden. Das flache, gelbe Gebäude gegenüber war einst das Waisenhaus der Stadt.

 Wir treten nun **rechts von uns in die Karls-Passage** ein.

Das Kaufhaus Breuninger bestand lange Zeit aus drei einzelnen Gebäudeteilen, die durch Stege miteinander verbunden waren. Das Kaufhaus bekam in den 1980er-Jahren von der Stadt die Genehmigung, die Karlstraße überbauen zu dürfen, um dadurch seine Gebäude miteinander verbinden zu können. Da es sich hierbei jedoch um einen historisch wichtigen Straßenverlauf handelt – hier verlief einst der Stadtgraben –, wurde dies nur unter der Bedingung gestattet, dass die dadurch entstehende Passage weiterhin als eingeschränkter öffentlicher Straßenraum geführt wird. Direkt unter der Karls-Passage, und damit mitten durch das Untergeschoss des Kaufhauses, verläuft heute der Nesenbachkanal – also die Kanalisation.

Am Ausgang angekommen, bildet die Eberhardstraße die Verlängerung der Karls-Passage. Wir folgen der **Eberhardstraße auf der linken Straßenseite**, bis wir nur wenige Meter weiter den **Durchgang links zwischen den Gebäuden Nummer 5 und 31** nehmen und so auf die breite Bundesstraße 14 treffen. Per Ampel **überqueren wir die Haupstätter Straße (B 14)** und finden uns seitlich der Leonhardskirche wieder. Wir gehen **nach links und halten hinter dem Chor der Kirche.**

8. Hinter der Leonhardskirche

Die Kreuzigungsgruppe hinter dem Chor der Kirche ist die Kopie einer Kopie. Das Original wurde 1501 auf dem Friedhof vor der Leonhardskirche errichtet. Fast 400 Jahre später wurde sie in die Hospitalkirche gebracht. Dort steht das Original auch heute noch. An der Leonhardskirche stellte man eine Kopie auf, die sogar den Zweiten Weltkrieg überstand, jedoch nicht die Umwelteinflüsse. Daher wurde die Kopie 1975 durch eine weitere Kopie ersetzt.

Unser Weg führt uns **entlang der Leonhardstraße** weiter um das Gotteshaus herum zum Eingangsportal der Kirche.

Auf dem Weg sehen wir zu unserer Linken den Nachtwächterbrunnen, der 1900 eingeweiht wurde, um an den schon damals fast vergessenen Beruf des Nachtwächters zu erinnern. Bis 1862 sorgten diese für die Sicherheit im Viertel. Das kleine Birnchen, das die Laterne des Nachtwächters erhellt, war die erste elektrisch betriebene Glühbirne im öffentlichen Straßenraum der Stadt.

9. Vor der Leonhardskirche

Die Leonhardskirche wurde Mitte des 15. Jahrhunderts im spätgotischen Stil erbaut und ersetzte eine Kapelle an selber Stelle. Mit dem Projekt Vesperkirche wurden hier 1995 erstmals Bedürftige in den kalten Wintermonaten mit Essen versorgt. Dieses Hilfsprojekt wurde daraufhin in vielen deutschen Städten kopiert.

Das Gustav-Siegle-Haus gegenüber der Kirche wurde 1912 fertiggestellt und sollte dem einfachen Volk den „Zugang zur gediegenen Bildung des Geistes und des Herzens" ermöglichen. Heute ist es die Heimat der Stuttgarter Philharmoniker, die hier ihren Konzert- und Probesaal haben.

Unseren Spaziergang setzen wir nun fort, indem wir **linker Hand in die Lazarettstraße einbiegen**. Nach einigen Metern biegen wir **rechts in die Weberstraße** ein, der wir weiter folgen.

10. Ecke Weber- und Leonhardstraße

Das Leonhardsviertel, in dem wir uns nun befinden, entstand im 15. Jahrhundert als Stuttgarts erste Stadterweiterung. Noch heute findet man hier einige der ältesten erhaltenen Wohngebäude der Stadt. Durch die vielen Bordelle, die sich seit der Zeit nach dem Zweiten Weltkrieg hier angesiedelt haben, hat das Viertel trotz seines Altstadtcharmes leider einen schlechten Ruf.

Nun knickt die **Weberstraße nach rechts** ab. Wir folgen dieser, bis sie nach wenigen Metern an der breiten Hauptstätter Straße endet und wir **links abbiegen**.

Das kleine Häuschen links – Hauptstätter Straße 49 – war früher einmal das Armenhaus der Stadt.

Wir überqueren nun die Wilhelmstraße an der Ampel und erreichen so den Wilhelmsplatz.

11. Wilhelmsplatz

Der Siegmund-Brunnen vor uns wurde bereits mehrfach versetzt. Ursprünglich stand er auf dem Bärenplatz, der später von der Markthalle überbaut werden sollte. Er wurde daraufhin an die Hauptstätter Straße versetzt, wo er den noch heute bekannten Namen erhielt, den er einer dort ansässigen Metzgerei verdankt. An diesem Standort war er in den 1970er-Jahren jedoch dem Bau der U-Bahn im Weg und wurde daher auf den Wilhelmsplatz transportiert.

Per Ampel zu **unserer Rechten über-queren wir die Hauptstätter Straße** abermals. Auf der anderen Straßenseite angekommen, biegen wir **rechter Hand in die Tor-straße** ein.

12. Ecke Hauptstätter- und Torstraße

Das alte Gemäuer an der Torstraße, das einen Brunnen einfasst, stand ursprünglich einige Meter weiter nahe dem Tagblatt-Turm. Es handelt sich hierbei um die Überreste eines Rundturms, der Teil der Stadtbefestigung war. Der einzige Turm an der Stadtmauer, der die Zeit überdauert hat, ist der Schellenturm im Bohnenviertel. Die Mauer vor uns war ebenfalls bei den Grabungen für den U-Bahn-Tunnel im Weg und wurde daher an diese Stelle versetzt.

Links des Turmbrunnens befindet sich bei Haus **Torstraße 15 ein Durchgang**, durch den wir nun weiter gehen, um am Ausgang sofort **rechts in die Gerberstraße** einzubiegen. Wir gelangen so auf die **Nesenbachstraße und biegen hier links** ein.

13. Nesenbach- und Christophstraße

Das Gerberviertel war ab Anfang des 19. Jahrhunderts Stuttgarts erstes Gewerbegebiet. Der Nesenbach war damals die Lebensader der Stadt und für das Gerben unerlässlich. Von Vaihingen her kommend floss er hier durch die nach ihm benannte Straße, bis der Bach Ende des 19. Jahrhunderts gänzlich unter die Erde verbannt wurde. Die Rinne im Boden steht heute stellvertretend für das Gewässer – mitlerweile ein Abwasserkanal – im Untergrund.

Wir folgen der Nesenbachstraße weiter, bis wir **rechts in die Sophienstraße** einbiegen, dieser folgen und **bei Haus Nummer 28 in die Krumme Straße nach rechts** abbiegen. Dabei gehen wir abermals durch einen Hausdurchgang. Wenige Meter weiter sehen wir zur Linken unser nächstes Ziel hinter dem Parkplatz unter Haus Krumme Straße 2.

14. Stadtmauer

Der kleine Parkplatz, ein Tor und eine Laderampe lassen kaum vermuten, dass wir hier vor einem jahrhundertealten Bauwerk stehen. Es handelt sich um den Rest der alten Stadtmauer. Einen weiteren Mauerrest findet man nur einige Meter weiter, im Hinterhof des Einkaufszentrums Gerber an der Sophienstraße. Beide Überreste gehören zu jener Stadtmauer, die die zweite Stadterweiterung der Kernstadt – die sogenannte „Reichen Vorstadt" – umgab.

Wir folgen der Krummen Straße, bis sie auf die **Tübinger Straße trifft, in die wir links einbiegen**. Wenig später biegen wir abermals nach **links in Kleine Königstraße** ein. Nach circa 50 Metern taucht zu unserer Linken das Alte Schauspielhaus auf.

15. Altes Schauspielhaus

Das Theater mit seiner halbrunden Jugendstilfassade wurde 1909 als Stuttgarter Schauspielhaus eröffnet. Die neue Theaterbühne machte sich schnell einen Namen und erlebte in den 1920er- und 1930er-Jahren ihre Blütezeit. Nach dem Zweiten Weltkrieg konnte die Bühne rasch wieder bespielt werden, doch in den 1960er-Jahren wurde der Betrieb eingestellt, und Das Alte Schauspielhaus fiel in einen Dornröschenschlaf. Erst Anfang der 1980er-Jahre wurde das Theater wieder zum Leben erweckt.

Wir gehen **durch die Passage gegenüber** dem Alten Schauspielhaus und erreichen so die Obere Königstraße. Diese Straße wurde auf dem ehemaligen Stadtgraben angelegt, und so endet unser Rundgang nun hier, vor den Toren der mittelalterlichen Stadt, direkt vor dem Wilhelmsbau.

16. Wilhelmsbau

Der Wilhelmsbau mit seinem markanten Turm bildet seit 1909 den optischen Abschluss der Oberen Königstraße. Das große Geschäftshaus wurde im Jugendstil erbaut und überstand selbst die Bombardements im Zweiten Weltkrieg. Erst nachdem sich die Stadt 1945 den Alliierten bereits ergeben hatte, steckten französische Soldaten das Gebäude in Brand. Der Wiederaufbau erfolgte im alten Stil, doch das Bauwerk sollte in den 1960er-Jahren „modernisiert" werden. Vor dem Wilhelmsbau befand sich an jener Stelle eine alte Legionskaserne, in der Friedrich Schiller einst Regimentsarzt war.

Hier lohnt sich ein Besuch!

① Hegel-Haus

Im Geburtshaus von Georg Wilhelm Friedrich Hegel wird in dem heutigen kleinen Museum die Lebensgeschichte des Philosophen erzählt.

Eberhardstraße 53
www.stadtpalais-stuttgart.de/hegel-haus

② Hans-im-Glück-Brunnen

Das Quartier rund um den Hans-im-Glück-Brunnen ist eines der wenigen gut erhaltenen Altstadtviertel im Stadtzentrum. In diesem Viertel haben sich zahlreiche Bars, Cafés und Restaurants angesiedelt.

Geißstraße 13

③ Paternoster im Rathaus

Im Foyer des Rathauses am Marktplatz befindet sich ein öffentlich zugänglicher Paternoster (Umlaufaufzug).

Marktplatz 1

Gastro-Tipp

Ⓘ Reiskorn
Restaurant (internationale Küche)

Torstraße 27
das-reiskorn.de

Ⓘ deli
Café, Bar

Geißstraße 27
deli-stuttgart.de

Ⓘ Tauber Quelle
Restaurant (schwäbisch)

Torstraße 19
tauberquelle-stuttgart.de

So reisen Sie weiter

Direkt am Zielpunkt befinden sich die Zugänge zur Stadtbahnhaltestelle Rotebühlplatz.

Direkt am Zielpunkt halten Busse an der Haltestelle Wilhelmsbau.

Folgen wir der Straße in Richtung Rotebühlplatz, erreichen wir nach circa 250 Metern die S-Bahn-Haltestelle Stadtmitte.

RAUS AUS DER CITY

In Stuttgart findet alles in der City statt. Einkaufen, in Restaurants oder Cafés sitzen, ausgehen, etwas auf dem Amt erledigen, eine Galerie, ein Museum oder ein Theater besuchen – in dieser Stadt scheint alles bequem zu Fuß erreichbar zu sein. Warum also sollte man das Stadtzentrum überhaupt verlassen? Was – so fragen sich vor allem viele Besucher – sollte es dort geben, das man nicht zwischen Hauptbahnhof, Rotebühlplatz, Kleinem Schloßplatz und Schloßgarten in nur wenigen Minuten erreichen kann? Um das zu erfahren, verlassen wir auf den folgenden drei Spaziergängen das vom breiten City-Ring eingezwängte Stadtzentrum in verschiedene Himmelsrichtungen. Und vielleicht wird uns die enge City ganz plötzlich etwas weitläufiger und offener erscheinen.

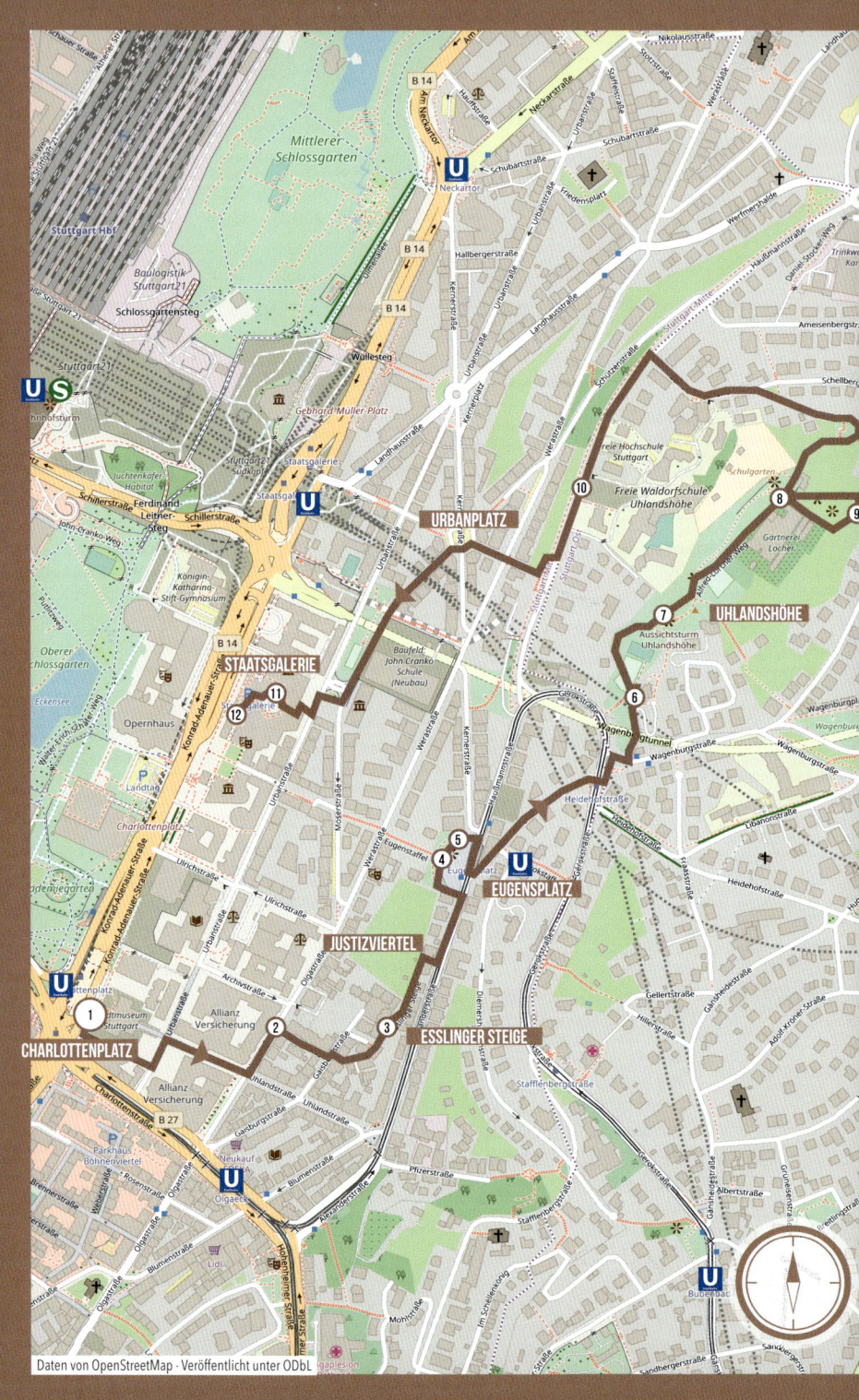

DIE ALTE ESSLINGER STEIGE

Raus aus der City

Dieser Spaziergang wird uns nun einmal hinaus aus der City führen. Starten werden wir an jenem Ort, der sich vor rund 200 Jahren noch vor den Toren der Stadt befand – am Charlottenplatz. Als der alte Stadtkern bereits im Mittelalter aus allen Nähten platzte, wurde ab Anfang des 15. Jahrhunderts vor der Stadtmauer in südlicher Richtung eine Vorstadt angelegt. Sie war wegen der Leonhardskirche in ihrem Zentrum fortan unter dem Namen Leonhardsvorstadt bekannt. Ein weiterer Name für das Viertel war Esslinger Vorstadt, da am Rande des Viertels ein Stadttor stand, durch das der Weg hinaus aus der Stadt in Richtung Esslingen führte. Heute ist diese alte Vorstadt als Bohnen- und Leonhardsviertel zweigeteilt, und an der Stelle des sogenannten Esslinger Tors befindet sich am Charlottenplatz ein Hochhaus.

Auf dieser Tour versetzen wir uns in Gedanken in vergangene Zeiten zurück. Wir haben das Stadttor – das Hochhaus – hinter uns gelassen und folgen zunächst dem alten Weg nach Esslingen die Hügel hinauf. Wir genießen dabei die großartige Aussicht auf die City im Tal aus den verschiedensten Blickwinkeln und werden feststellen, dass es auch hier oben vieles zu entdecken gibt.

 ca. 2,7 km

 ca. 50 Minuten

 Charlottenplatz
Haltestelle Charlottenplatz

DIE ALTE ESSLINGER STEIGE
Raus aus der City

1. Charlottenplatz

Wir starten unseren Spaziergang am Charlottenplatz vor dem Stadtpalais. Hier lebten ab 1840 die Töchter König Wilhelms I., und daher war das Gebäude zunächst als Prinzessinnenpalais bekannt. Seinen heute noch bekannten Namen Wilhelmspalais erhielt das Gebäude, als König Wilhelm II. es zu seinem Wohnsitz ernannte. Von den 1960er-Jahren bis 2011 war im Wilhelmspalais die Stadtbücherei untergebracht, und seit 2018 beherbergt es das Stadtmuseum.

2. Ecke Olga- und Archivstraße

Auf unserer Straßenseite sehen wir vor uns das ehemalige Kriegsministerium des Königreichs Württemberg. Die steinernen Ritterrüstungen über dem Eingang sind ein Hinweis darauf.
Dem Ministerium schließt sich eine schöne Gartenloggia an, die zur Villa Bohnenberger – links daneben – gehört. Auf der gegenüberliegenden Straßenseite befin-

Wir nehmen nun den **Weg rechts am Stadtpalaispalais vorbei**, um an der **Urbanstraße links** abzubiegen. Ein paar Schritte weiter biegen wir nach **rechts in die Uhlandstraße** ein, bis wir auf die **Olgastraße treffen, wo wir die Straßenseite wechseln und links weiter** bis zur Archivstraße gehen.

det sich das Justizviertel. In dem grünen Gebäude auf der linken Seite hat sich beispielsweise das Oberlandesgericht angesiedelt. Ebenfalls hier ansässig sind das Landgericht Stuttgart und der baden-württembergische Staatsgerichtshof.

Wir biegen nun nach **rechts in die Archivstraße** ein. Am Ende dieser Straße biegen wir nach **links in die Gaisburgstraße**, die nach nur wenigen Metern **nach rechts** abknickt und nun schnell steiler wird.

3. Esslinger Steige

Die gepflasterte Straße ist schon sehr alt. Einst war dies der direkte Weg von Stuttgart nach Esslingen. Er führte vom Stadttor beim Charlottenplatz hier hinauf und weiter über die Wagenburgstraße im Stuttgarter Osten und dann hinunter ins Neckartal. Die Straße ist daher auch als Alte Esslinger Steige bekannt. Heute trägt dieser Abschnitt jedoch ebenfalls den Namen Gaisburgstraße.

Der gepflasterte Weg geht in eine Staffel – eine Treppenanlage – über, die wir hinaufsteigen und nach **links in die Alexanderstraße** einbiegen. Wir folgen der ansteigenden Straße bis zum Eugensplatz.

4. Eugensplatz

Wir genießen hier die tolle Aussicht auf die Innenstadt. Das Eis-Bistro Pinguin zählt zu den beliebtesten Eisdielen der Stadt.

Auf dem Eugensplatz finden wir den Galatea-Brunnen. Seinen Namen verdankt er der bronzenen Nymphe, die auf ihm thront. Bei seiner Einweihung 1890 störten sich die Stuttgarter sehr daran, dass die Galatea nur leicht bekleidet war.

Nur wenige Schritte weiter gelangen wir zum Eckgebäude an der Kerner- und Haußmannstraße. Vor dem Zebrastreifen entdecken wir eine Säule.

5. Loriot-Denkmal

Auf der Säule aus Auerkalk steht ein kleiner bronzener Mops. Es handelt sich dabei um ein Denkmal für den Humoristen Loriot, der in seiner Jugend im erwähnten Eckhaus – Haußmannstraße 1 – im dritten Stock wohnte. Der Mops war Loriots Lieblingstier und fand erst durch eine Zeitungsaktion seinen Platz auf der Säule, für die ursprünglich keine Krönung durch einen Hund vorgesehen war.

👣 Wir **überqueren die Alexanderstraße** an der Ampel neben der Säule und gehen, **auf der anderen Straßenseite angekommen, nach rechts,** um wenig später **links in die Wagenburgstraße** einzubiegen. Wir folgen der Straße, bis wir auf die Gerokstraße treffen.

> Dort angekommen, sehen wir auf der linken Seite ein kleines rotes Gebäude mit einem geschwungenen Dach. Heute wird es als Café genutzt, doch bei seiner Fertigstellung 1956 war es der erste geplante Supermarktbau in Stuttgart. Zum zweiten Mal in Europa kam hierbei ein Hängedach mit Leichtbetonschale zum Einsatz.

👣 Per Fußgängerampeln **überqueren wir zunächst die Gerok- und dann die Wagenburgstraße.** Dort angekommen, biegen wir nach **links in den Alfred-Lörcher-Weg** ein. Nach wenigen Metern sehen wir auch schon die Villa Hauff.

6. Villa Hauff

Die Villa des Chemiefabrikanten Friedrich Hauff erinnert mit ihren Türmchen, Erkern und massiven Mauern eher an eine romantische Burg oder ein Schlösschen. 1939 wurde die Villa von der SS beschlagnahmt, die sich hier einrichtete. Nachdem das Gebäude den Zweiten Weltkrieg nahezu unbeschadet überstanden hatte, zog dort vorübergehend das US-Konsulat ein. Seit 1953 nutzt die Stuttgarter Jugendhaus Gesellschaft die Villa Hauff als Werkstatthaus für den künstlerischen und kreativen Austausch inklusive Café.

👣 Wir folgen weiter dem steilen, verschlungenen Alfred-Lörcher-Weg hinauf auf die Uhlandshöhe. Dabei treffen wir auf ein kleines Aussichtstürmchen.

7. Aussichtstürmchen

Auf den Aussichts-punkt hinauf zu steigen lohnt sich, da wir dort mit einer großartigen Aussicht belohnt werden, die vom Neckar-tal über den Stuttgarter Talkessel bis zum Fernsehturm reicht. Auf dem Weg hinauf zum Türmchen kommen wir an einer Sta-tue vorbei – der Eva. Die bronzene Dame stand dort seit den 1980er-Jahren, bis ihr das Mate-rial, aus dem sie bestand, zum Ver-hängnis wurde. In einer Sommer-nacht 2012 wurde die Eva von ihrem Sockel abgesägt und abtranspor-tiert. Später fand man Teile der Sta-tue in Polen wie-der. Ihre 120 Kilo-gramm schweren Überreste fanden den Weg jedoch zurück nach Stuttgart und wurden vom Künstler neu gegossen.

👣 Wir nehmen unsere bisherige Route über den Alfred-Lörcher-Weg wieder auf und folgen ihm geradeaus weiter. Wir passieren ei-nen Minigolfplatz und erreichen schließlich die Sternwarte. Ihr schließt sich ein alter Wasser-speicher an. **Durch ein Tor rechts** neben dem Speicher gelangen wir auf eine kleine, öffentlich zugängliche Grünfläche. Wir durchqueren diese und gelangen so zum gegenüberliegenden Aus-sichtspunkt.

8. Wasserspeicher Aussichtspunkt

Wir stehen nun auf dem Dach des Was-serspeichers. Von hier aus haben wir eine tolle Aussicht ins Neckartal und über den Stuttgarter Osten. Wir sehen – von links nach rechts – die Mercedes-Benz Arena, den Gaisburger Gaskessel, die Gaisburger Kirche, das Mercedes-Benz Museum und die Grabkapelle auf dem Württemberg. An die Grünfläche schließt sich eine Gärtnerei an. Hinter den Gewächshäusern werden Esel gehalten, die sich bis an den Zaun der Grünanlage trauen.

👣 Wir verlassen die Grünfläche auf dem-selben Weg und biegen nach rechts. Die Straße trägt ab hier – direkt vor der Sternwarte – den Namen Zur Uhlandshöhe.

9. Sternwarte

Die Sternwarte steht an dieser Stelle bereits seit 1922, und noch heute erklären ehrenamtliche Mitglieder des Vereins Schwäbische Sternwarte interessierten Stuttgartern den Nachthimmel. 1940 ließ die SS die Kuppel vorübergehend vom Turm entfernen und ersetzte das Teleskop gegen eine Flugabwehrkanone.

Links neben dem Observatorium befindet sich seit den 1920er-Jahren der Sternenbrunnen. Er wurde 2013 saniert und der Bereich um ihn herum aufgewertet. So findet man dort nun Sitzgelegenheiten und eine Figur aus dem Märchen vor: Sterntaler hat es sich hier ebenfalls bequem gemacht.

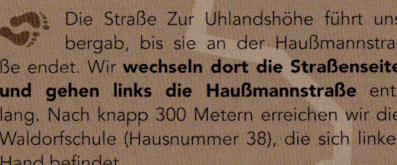

Die Straße Zur Uhlandshöhe führt uns bergab, bis sie an der Haußmannstraße endet. Wir **wechseln dort die Straßenseite und gehen links die Haußmannstraße** entlang. Nach knapp 300 Metern erreichen wir die Waldorfschule (Hausnummer 38), die sich linker Hand befindet.

10. Waldorfschule

Wir stehen nun gegenüber der ersten Waldorfschule der Welt. Emil Molt war Gründer der Waldorf-Astoria-Zigarettenfabrik, die im Stuttgarter Osten ansässig war. Molt beschloss, eine betriebseigene Schule zu gründen, die auf der anthroposophischen Lehre von Rudolf Steiner basieren sollte. Dieser übernahm auch die Ausbildung des Lehrerkollegiums, und so konnte 1919 die erste Waldorfschule – die den Namen der Zigarettenfabrik tragen sollte – hier auf der Uhlandshöhe eröffnet werden. Nach dem Fabrikanten Emil Molt wurde später eine Staffel benannt, über die unser Spaziergang weiter führen wird.

Nur wenige Meter weiter erreichen wir die **Emil-Molt-Staffel, die wir hinuntersteigen**. Wir **überqueren die Werastraße** am Zebrastreifen und setzen unsere Route über die sich anschließende Sängerstaffel (eigentlich Sängerstraße) fort. Angekommen am Schützenplatz, wählen wir **links die Schützenstraße**, die uns bergab führt.

11. Innenhof
der Neuen Staatsgalerie

Kurz vor dem Urbanplatz sehen wir linker Hand ein modernes Terrassenhaus aus Sichtbeton. Es handelt sich hierbei um die John-Cranko-Schule – eine der renommiertesten Ballettschulen der Welt. Der berühmte Choreograf Cranko, der dem Stuttgarter Ballett zu Weltruhm verhalf, gründete die Schule 1971. Seit 2018 werden die Schüler im Neubau am Urbanplatz unterrichtet, in dem neben acht Bühnen und einer Probebühne auch ein hauseigenes Internat Platz fand.

Bei der Neuen Staatsgalerie handelt es sich um eine ironische Hommage an die Architekturgeschichte. Wie die klassizistische Alte Staatsgalerie ist das Gebäude als Dreiflügelanlage errichtet. Antik anmutende Säulen, Spitzbogen der Gotik und sogar Wasserspeier, die an Bauten aus dem Mittelalter erinnern sollen, sind hier zu finden. Die Rotunde in der Mitte mit der aufsteigenden Rampe ist eine freie Interpretation des Kolosseums in Rom. Als Pendant dazu entwarf Stirling den Turm der Musikhochschule, den er als „Stöpsel" für die Rotunde bezeichnete.

Über den Urbanplatz erreichen wir die **Urbanstraße, wechseln dort die Straßenseite** und gelangen so hinter die Staatsgalerie. Wir nehmen nun den etwas versteckten **Durchgang rechts neben Haus Nummer 35** (zwischen orangefarbener Tür und den blauen und grünen Abluftröhren) und gelangen so in den Innenhof der Neuen Staatsgalerie.

Wir gehen die Stufen hinunter und drehen somit eine halbe Runde um die Rotunde – den Innenhof der Staatsgalerie. Über eine Rampe gelangen wir vor den Haupteingang der Neuen Staatsgalerie, direkt an der Konrad-Adenauer-Straße, wo wir unseren Spaziergang beenden.

12. Vor der Neuen Staatsgalerie

Als die Ausstellungsräume der Alten Staatsgalerie für die große Kunstsammlung nicht mehr ausreichten, wurde auf dem benachbarten Areal dieser Neubau geplant. Er wurde vom Stararchitekten James Stirling im Stil der Postmoderne geplant und 1984 eingeweiht. Zum Komplex gehört neben den Ausstellungsräumen übrigens auch das Kammertheater der Württembergischen Staatstheater, das im rechten Gebäudeflügel untergebracht ist.

Hier lohnt sich ein Besuch!

① Haus der Geschichte Baden-Württemberg

Hier wird die Geschichte des Bundeslands spannend erzählt.

Konrad-Adenauer-Straße 16
hdgbw.de

② Landtag

Das unterirdische Besucherzentrum des Landtags ist an ausgewählten Terminen und jeden Montag zwischen 17 und 20 Uhr geöffnet. Das Landtagsgebäude wurde 1961 eingeweiht und steht heute unter Denkmalschutz.

Konrad-Adenauer-Straße 3

③ Opernhaus

Das Opernhaus der Württembergischen Staatstheater wurde im Krieg nicht zerstört und beeindruckt architektonisch nicht nur von außen, sondern auch im Innern. Die Schillerstatue aus Marmor links vor der Oper wurde 1913 aufgestellt, da die Stuttgarter von der ersten Statue des Dichters auf dem Schillerplatz zunächst sehr enttäuscht waren.

Oberer Schloßgarten 6

④ Schicksalsbrunnen

Der Schicksalsbrunnen – zwischen Opern- und Schauspielhaus – wurde 1914 in Gedenken an die beliebte Opernsängerin Anna Sutter geschaffen. Diese wurde vier Jahre zuvor von ihrem Liebhaber erschossen.

⑤ Stauffenberg-Erinnerungsstätte

Die Ausstellung im Alten Schloss (Eingang am Stauffenbergplatz/Karlsplatz) erzählt die Lebensgeschichte der Stauffenberg-Brüder, die das Attentat auf Adolf Hitler planten. Diese verbrachten einen Teil ihrer Jugend im Alten Schloss, als ihr Vater im Dienst des Königs stand. Im Rest des Schlosses befindet sich das Landesmuseum Württemberg, das die Geschichte des Landesteils erlebbar darstellt.

Stauffenbergplatz
hdgbw.de/ausstellungen

⑥ Altes Waisenhaus

Im Innenhof des Alten Waisenhauses befindet sich ein schöner Biergarten. Im Gebäude selbst haben sich neben Gastronomie auch das Welcome Center Stuttgart und das Institut für Auslandsbeziehungen angesiedelt.

Charlottenplatz 17

⑦ Bohnenviertel/Leonhardsviertel

Das Bohnen- und das Leonhardsviertel erstrecken sich zwischen Charlottenplatz und Wilhelmsplatz. Sie gehören zu den wenigen gut erhaltenen Altstadtviertel in der Stuttgarter City. Das Bohnenviertel lädt mit seinen Weinlokalen, Cafés und kleinen Boutiquen besonders zum Flanieren ein.

Gastro-Tipp

Ⅰ Fresko Café, Restaurant
(deutsche und international Küche)

Konrad-Adenauer-Straße 28
Fresko-stuttgart.com

Ⅱ Plenum Restaurant
(deutsche und internationale Küche)

Konrad-Adenauer-Straße 3 (im Oberen Schlossgarten)
benz-plenum.de

Ⅲ Amadeus Bar, Biergarten, Restaurant
(schwäbische und internationale Küche)

Charlottenplatz 17
amadeus-stuttgart.de

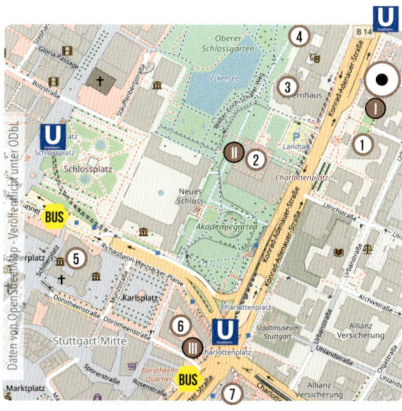

Daten von OpenStreetMap. Veröffentlicht unter ODbL

So reisen Sie weiter

Folgen wir der Konrad-Adenauer-Straße nach links, erreichen wir in circa 500 Metern die Stadtbahnhaltestelle Charlottenplatz.

Folgen wir der Konrad-Adenauer-Straße nach rechts, erreichen wir in circa 300 Metern die Stadtbahnhaltestelle Staatsgalerie.

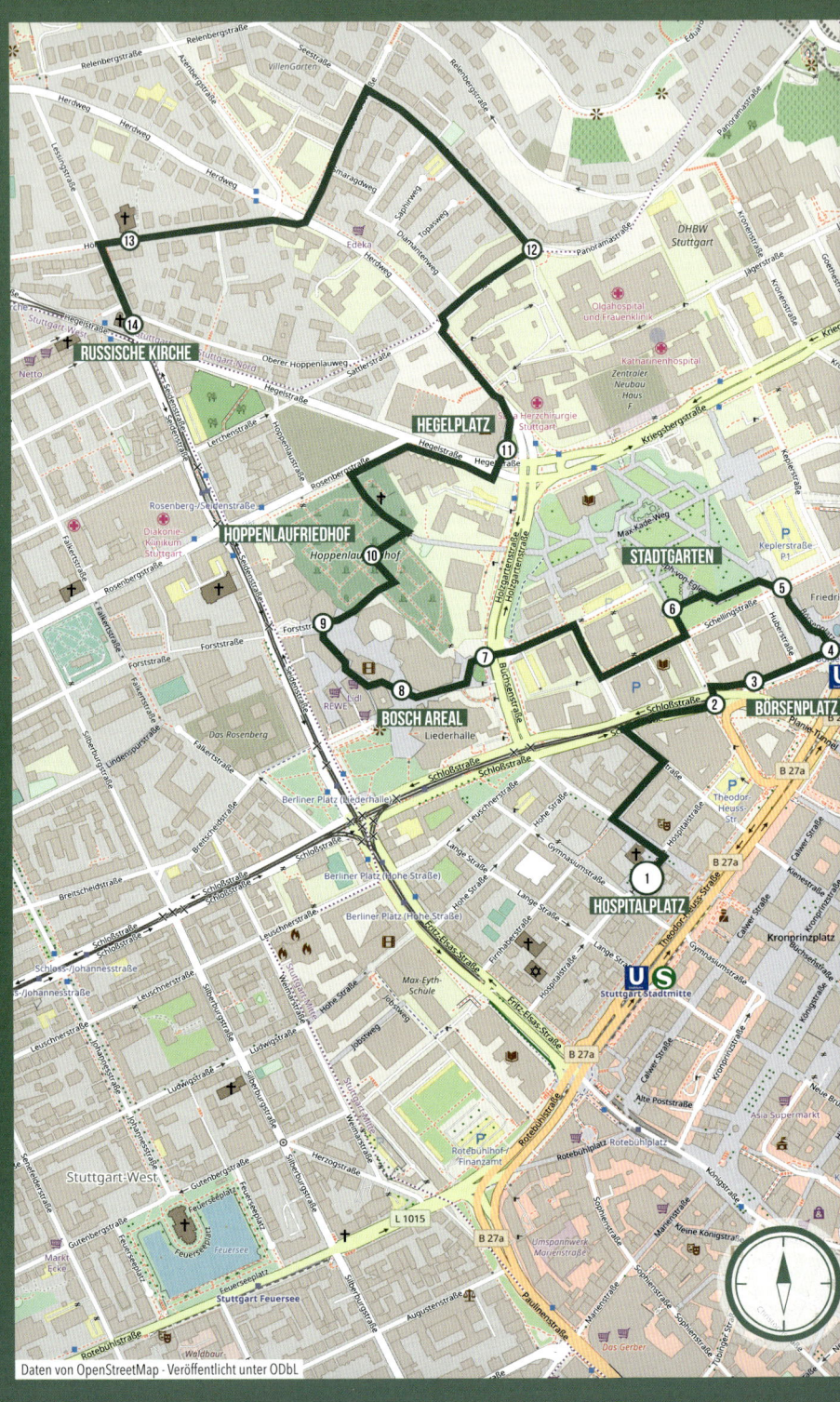

DIE REICHE VORSTADT UND DIE ALTEN SEEN

Raus aus der City

Auf dieser Tour, die uns ebenfalls aus der City hinausführen wird, verlassen wir die Innenstadt durch den Stadtteil, der einst als „Reiche Vorstadt" bekannt war – das heutige Hospitalviertel. Bis ins 15. Jahrhundert befand sich an jener Stelle ein großes freies Gelände, das als Turnierplatz für Ritterspiele genutzt wurde. Dort sollte schließlich ab Ende des 15. Jahrhunderts nördlich der inneren Stadt – in etwa zwischen Schloss- und Kronprinzstraße – die zweite Stadterweiterung Stuttgarts entstehen. Diese neu geplante Vorstadt zog wegen ihrer breiten Straßen und ihrer großzügigen Plätze vor allem wohlhabendere Bürger an. Im Stadtteil lebten Ende des 17. Jahrhunderts bereits so viele gut betuchte Hofbedienstete, Beamte und Kaufleute, dass man ihm den Namen „Reiche Vorstadt" verlieh. Im Zweiten Weltkrieg gingen hier nahezu alle Altbauten und ein Großteil der historischen Straßenstrukturen verloren. Lediglich im heute als Hospitalviertel bekannten Stadtteil ist diese historische Struktur noch erkennbar.

Von hier aus startet nun auch unser Spaziergang durch das Viertel und noch weiter hinaus, wo sich einst vor den Toren der Stadt mehrere Seen befanden. Wir begeben uns nun auf Spurensuche in der Geschichte jener Stadtteile, die besonders schwer unter der Zerstörung im Zweiten Weltkrieg gelitten hatten und daher noch heute ständig ihr Gesicht ändern.

 ca. 3,4 km

 ca. 60 Minuten

 Hospitalplatz
Haltestelle Börsenplatz
Haltestelle Stadtmitte

1. Hospitalplatz

Dieser Spaziergang beginnt im Herzen des Hospitalviertels. Seinen heutigen Namen erhielt das Viertel von der Hospitalkirche, der einst ein Dominikanerkloster angegliedert war. Im Zweiten Weltkrieg wurde die Kirche stark beschädigt und anschließend nur teilweise wiederaufgebaut. Die ursprüngliche Größe des Kirchenschiffs lässt sich anhand der als Ruine erhaltenen Außenmauer erahnen.

👣 Wir gehen vom Hospitalplatz **in die Büchsenstraße**, vorbei am Turm und am Chor der Kirche.

> Der Hospitalkirche schließt sich der Neubau des Hospitalhofs an – dem geistigen Zentrum der evangelischen Kirche in Württemberg. Es nimmt in etwa den Raum ein, wo sich einst das Kloster befand.

👣 Wir biegen **rechts in die Heustraße** ein. Am Ende der kurzen Straße gehen wir nach **links in die Kienestraße**, um wenige Meter weiter **rechts in die Schloßstraße** einzubiegen.

2. Ecke Schloß- und Willi-Bleicher-Straße

An dem historischen Gebäude – mit den massiven Mauern und den kupfernen Kuppeldächern – sind wir soeben vorbeispaziert. Nun befinden wir uns vor dem Haupteingang. Das sogenannte Haus der Wirtschaft wurde in den 1890er-Jahren als Landesgewerbemuseum erbaut. Besondere Erfindungen aus dem Königreich Württemberg wurden hier ebenso präsentiert wie ausländische Errungenschaften. Heute sind neben dem Finanzministerium auch wirtschaftsnahe Stiftungen ansässig. Zudem finden im Haus der Wirtschaft Ausstellungen und Messen statt.

Die Schloßstraße bildet die ehemalige Stadtgrenze. An ihrer Stelle verlief bis ins 18. Jahrhundert die Stadtmauer. Unser weiterer Weg führt uns dort hin, wo es vor Mitte des 19. Jahrhunderts nur Felder, Weingüter, Obstbäume und Trinkwasserseen gab.

👣 Über Zebrastreifen und Ampel **wechseln wir die Straßenseite** und gehen, vorbei am Finanzgericht, die Schloßstraße weiter entlang, bis sie in die Börsenstraße übergeht.

3. Übergang von Schloß- in Börsenstraße

In Haus Börsenstraße 8 – dem Altbau mit dem aufgesetzten gläsernen Stockwerk – befindet sich die Börse Stuttgart. Der Stuttgarter Börsenverein wurde bereits 1861 gegründet und hatte seinen Sitz ursprünglich im Königsbau am Schlossplatz. Seit 2002 befindet sich der Handelsplatz nun hier im Carl-Eugen-Bau. Die Börse Stuttgart hat sich zum zweitgrößten Handelsplatz Deutschlands entwickelt und rangiert im europäischen Vergleich derzeit auf Platz zehn.

 Weiter geradeaus, entlang der Börsenstraße, erreichen wir nun einen weiten, offenen Platz.

4. Börsenplatz

Der Platz, auf dem wir uns jetzt befinden, war bis 2006 namenlos. Erst dann erhielt er den Namen Börsenplatz. Angelegt wurde er bereits Anfang der 1990er-Jahre, als auch alle anderen Gebäude, die den Platz einfassen, entstanden. Der Rundbau im Zentrum trägt den Namen Friedrichsbau. Er ersetzte ein Gebäude mit dem gleichen Namen, das sich bis zu seiner Zerstörung im Zweiten Weltkrieg an selber Stelle befand und das bekannte Friedrichsbau Varieté beherbergte. Auch im Neubau fand die Bühne von 1994 bis 2014 eine neue Heimat, bis sie auf den Pragsattel umziehen musste.

Wir gehen **weiter zum Durchgang**, der sich links vom Rundbau und dem gläsernen Treppenhaus der L-Bank befindet. Wir treffen nun auf die **Schellingstraße und wechseln die Straßenseite.**

Auf dem Areal, das nun vor uns liegt, befanden sich bis zum 18. Jahrhundert mehrere Trinkwasserseen. Sie reihten sich von hier bis zum Berliner Platz aneinander. Der größte von ihnen befand sich direkt dort, wo wir gerade stehen. Die Seen mussten aus hygienischen Gründen nach und nach aufgelassen werden.

5. Ecke Schelling- und Huberstraße

Auf unserer Straßenseite sehen wir nun einen Altbau – die Verwaltung der Universität Stuttgart. Die Universität hat sich nach und nach um die Grünanlage ausgebreitet, die wir hier vor uns sehen. Es handelt sich hierbei um den Stadtgarten. Er wurde zur Gartenbauausstellung 1870 angelegt. Sein ursprüngliches Erscheinungsbild wurde erst zur Bundesgartenschau 1961 verändert. Die Statuen, die wir im Stadtgarten sehen, stammen ursprünglich vom Dach des Polytechnikums – der heutigen Universitätsverwaltung.

Parallel zur Schellingstraße folgen wir dem **Weg entlang des Stadtgartens** und treffen so auf den Eingang der Hochschule für Technik.

6. Vor der Hochschule für Technik

Die Universität Stuttgart trägt diesen Namen erst seit den 1960er-Jahren. Die Geschichte der Hochschule beginnt jedoch bereits im Jahr 1829 mit der Gründung einer Gewerbeschule. Sie wurde dann in Polytechnische Hochschule umbenannt und erhielt später den Namen Technische Hochschule. Aus dieser Zeit stammt auch das Gebäude vor uns, das bereits erwähnte Polytechnikum. Erst 1967 kamen die ersten nichttechnischen Fakultäten hinzu, und die Hochschule erhielt ihren heutigen Namen.

Weiter geht es **links an der Hochschule für Technik vorbei**, um wenige Meter weiter wieder auf die **Schellingstraße zu treffen, in die wir rechts einbiegen**. Am Ende der Straße angekommen, biegen wir abermals nach **rechts in die Kienestraße** und wenige Meter weiter **links in die Breitscheidstraße** ein. Wir treffen nun auf die **Büchsenstraße, die wir an der Ampel überqueren** und so den Platz der Deutschen Einheit erreichen.

7. Platz der Deutschen Einheit

Auch auf dem Areal, auf dem wir nun stehen, breiteten sich einst Trinkwasserseen aus.

Rechts von uns sehen wir das Max-Kade-Studentenwohnheim. Beim Bau des Wohnturms 1953 wurden auch Kriegstrümmer verbaut. Ziegelsteine der im Zweiten Weltkrieg zerstörten Gebäude wurden zunächst geschreddert und anschließend für die Herstellung des Betons verwendet.

Gehen wir die Breitscheidstraße weiter geradeaus, sind es nur wenige Schritte, bis wir auf den Robert-Bosch-Platz treffen.

Der Weg dorthin wird von den Gebäuden des Kultur- und Kongresszentrums Liederhalle gesäumt. Das Gebäude zu unserer Linken ist die alte Liederhalle. Sie nahm 1956 mit dem Silcher-, Mozart- und Beethoven-Saal den Betrieb auf. Der Erweiterungsbau zu unserer Rechten mit seinem gläsernen Zeltdach wurde 1991 mit dem Hegel- und dem Schiller-Saal eingeweiht.

8. Robert-Bosch-Platz

Der Robert-Bosch-Platz bildet das Eingangstor zum Bosch Areal, dem ehemaligen Firmensitz des weltbekannten Unternehmens. Im Gebäude Breitscheidstraße 4 – dem heutigen Literaturhaus – hatte Robert Bosch einst sein Büro. Die Skulptur im Zentrum des Platzes ist eine Hommage an die „mechanische Kraftübertragung" – eine Erfindung Boschs. Per Sensor wird bei aufkommendem Wind im Innern ein Elektromotor aktiviert, der den mittleren Teil der Plastik in Bewegung setzt. Durch eine mechanische Kraftübertragung bringt der Mittelteil schließlich auch den oberen in Bewegung. Sie schwingen in entgegengesetzten Richtungen lautlos aneinander vorbei. Je stärker der Wind, desto stärker die Bewegung.

Wir nehmen nun den **schmalen Durchgang** zwischen Literaturhaus und dem Kinokomplex. Wir folgen dem Weg geradeaus, der uns direkt auf ein rotes Backsteingebäude mit Zeltdach zuführt.

9. Vor der Alten Reithalle

Vor uns befindet sich die Alte Reithalle – eingeweiht 1888 –, die ursprünglich zur Förderung des städtischen Pferdemarktes dienen sollte. Doch die Halle war nicht nur dem Reitzweck vorbehalten. Auch Ausstellungen, Zirkus- und Operettenvorführungen fanden hier statt, was das Gebäude zu einer Art Allzweckhalle machte. Heute wird die Reithalle vom benachbarten Hotelkomplex verwaltet, dem sie als Bankettsaal und für verschiedene Veranstaltungen dient.

An der **Alten Reithalle gehen wir rechts** vorbei und gelangen so nur wenige Meter weiter durch ein Tor auf eine öffentliche Grünfläche.

10. Hoppenlaufriedhof

Die Grünanlage vor uns wird heute zwar offiziell als städtische Parkanlage geführt, aber die alten Grabsteine, die uns sofort ins Auge fallen, weisen auf die ursprüngliche Nutzung hin. Der Hoppenlaufriedhof wurde bereits in den 1620er-Jahren nach einer Pestepidemie angelegt und ist somit der älteste noch erhaltene Friedhof im Stuttgarter Talkessel. Die letzte Erdbestattung fand 1880, die letzte Urnenbestattung 1951 statt. Anschließend wurde der Friedhofsbetrieb eingestellt. Bekannte Persönlichkeiten wie Wilhelm Hauff, Gustav Schwab oder Johann Heinrich von Dannecker liegen hier begraben.

Nach dem Eingangstor halten wir uns **links und folgen den geschlängelten Wegen** in diese Richtung über den Friedhof. Wir treffen am Ende der Anlage auf die **Rosenbergstraße, die wir rechter Hand entlanggehen**, um nach wenigen Metern abermals nach **rechts in die Hegelstraße** abzubiegen. An der Verkehrskreuzung – dem **Hegelplatz** – wechseln **wir über die Ampel die Straßenseite**.

11. Linden-Museum

Vor uns befindet sich nun das Linden-Museum, eines der größten und bedeutendsten Völkerkundemuseen Europas. Hervorgegangen ist das Völkerkundemuseum aus der Sammlung einer württembergischen Kolonialgesellschaft, die die Exponate ab 1882 zunächst in einem Handelsgeographischen Museum in einer Gewerbehalle zeigte. Graf Karl von Linden gab schließlich den Bau eines Museums in Auftrag, das hier am Hegelplatz 1911 eingeweiht werden konnte. Bei der Eröffnung des Linden-Museums zählte die Sammlung bereits über 63.000 Objekte. Die Ausstellungsflächen sind aufgeteilt in die Bereiche Afrika, Latein- und Nordamerika, Orient, Ostasien, Ozeanien, Süd- und Südostasien.

Rechts vorbei am Linden-Museum folgen wir dem leicht ansteigenden Herdweg bis zur ersten **Kreuzung, wo wir über die Ampel die Straßenseite wechseln**. Weiter geht es dort nach **rechts in die Sattlerstraße**.

Zu unserer Rechten befindet sich das weitläufige Areal des Klinikums Stuttgart, wo sich seit den 2010er-Jahren rund um das Katharinen-Hospital zahlreiche weitere Krankenhäuser – wie das Olgakrankenhaus und die Frauenklinik – angesiedelt haben.

12. Ecke Panorama- und Seestraße

13. Gedächniskirche

Der schöne Koppentalbrunnen hinter dem Klinikum wurde Anfang des 20. Jahrhunderts errichtet. Ursprünglich befand sich ein Bild unter dem Rundboden, das aber später durch das heutige Mosaik ersetzt wurde. Bereits Mitte des 16. Jahrhunderts befand sich an selber Stelle ein Brunnen mit diesem Namen.

Die Seestraße führt vom Berg kommend direkt auf den Brunnen zu. Doch sie endete nicht immer dort. Früher führte die Straße weiter abwärts direkt auf die Trinkwasserseen im Tal zu, denen sie ihren Namen verdankt.

Vor dem Koppentalbrunnen biegen wir nun **links in die Seestraße** ein und folgen dieser den leicht ansteigenden Hang hinauf. An der ersten Kreuzung biegen wir dann **links in die Wiederholdstraße**. Die Wiederholdstraße trifft schließlich auf den **Herdweg, den wir an der Ampel zu unserer Rechten überqueren**, um unseren Weg **in der Hölderlinstraße** fortzusetzen. Nach 200 Metern erreichen wir die Gedächtniskirche.

Die Gedächtniskirche wurde 1899 im Beisein der königlichen Familie eingeweiht. Das im frühgotischen Stil erbaute Gotteshaus wurde 1943 durch Luftangriffe fast gänzlich zerstört. Der Turm blieb zwar erhalten, aber beim Wiederaufbau 1957 wurde er mit roten Backsteinen ummantelt. Vom alten Kirchenbau blieb lediglich die Turmspitze erhalten.

Wenige Meter weiter biegen wir nach **links in die Seidenstraße** ab, wo wir zunächst die Treppen hinuntersteigen. Unten angekommen, sehen wir schon an der nächsten Kreuzung auf der rechten Seite die Türmchen der Russischen Kirche. Dort, am Rande der City, endet auch unser Spaziergang.

14. Russische Kirche

Die Beziehungen zwischen dem Königreich Württemberg und dem russischen
Zarenhaus waren lange Zeit sehr intensiv,
da die Zarentöchter Katharina und Olga
beide zu württembergischen Königinnen
wurden. Herzogin Wera – die Nichte und
Adoptivtochter von Königin Olga – gab den
Anstoß, eine Kirche für die russisch-orthodoxe Gemeinde erbauen zu lassen.
Daraufhin entstand 1895 hier im Westen
der Stadt die Kirche St. Nikolai im Stil einer russischen Dorfkirche. Das Gotteshaus
aus rotem Backstein zählt heute über
1.200 Gemeindemitglieder. St. Nikolai ist
die älteste, ununterbrochen bestehende
russisch-orthodoxe Kirchengemeinde in
Deutschland.

Hier lohnt sich ein Besuch!

① Hölderlinplatz

Rund um den Hölderlinplatz kann man die typische Gründerzeitbebauung des Stuttgarter Westens bewundern.

② Arbeitsgericht Stuttgart

Erbaut wurde das 1907 eingeweihte Gebäude ursprünglich für die Württembergische Landwirtschaftliche Zentralgenossenschaft und ihre hauseigene Bank. Wegen des Bezugs zur Landwirtschaft wurde das repräsentative Gebäude von den Einheimischen auch „Bauernschlössle" genannt. Es bildet zudem den oberen Abschluss der Johannesstraße – dem einstigen Prachtboulevard.

Johannesstraße 86

③ St. Fidelis

Die Kirche St. Fidelis sieht weit älter aus, als sie tatsächlich ist. Beim Bau der Kirche – die 1925 fertiggestellt wurde – orientierte man sich am Stil frühchristlicher Kirchenbauten. Sehenswert ist auch der vorgelagerte Atrium-Hof.

Seidenstraße 39

Gastro-Tipp

Ⓘ CaffèBar Hölderlin

Schwabstraße 197
geheimtippstuttgart.de/caffebar-hoelderlin

Ⓘ Cafe Stöckle

Johannesstraße 76
cafestöckle.de

Daten von OpenStreetMap - Veröffentlicht unter ODbL

So reisen Sie weiter

Direkt gegenüber der Kirche befindet sich an der Hegelstraße die Bushaltestelle Hegel-/Seidenstraße.

Folgen wir der Hegelstraße bergauf, erreichen wir in ca. 150 Metern die Stadtbahnhaltestelle Russische Kirche.

Folgen wir der Seidenstraße stadteinwärts, erreichen wir in ca. 200 Metern die Stadtbahnhaltestelle Rosenberg-/Seidenstraße.

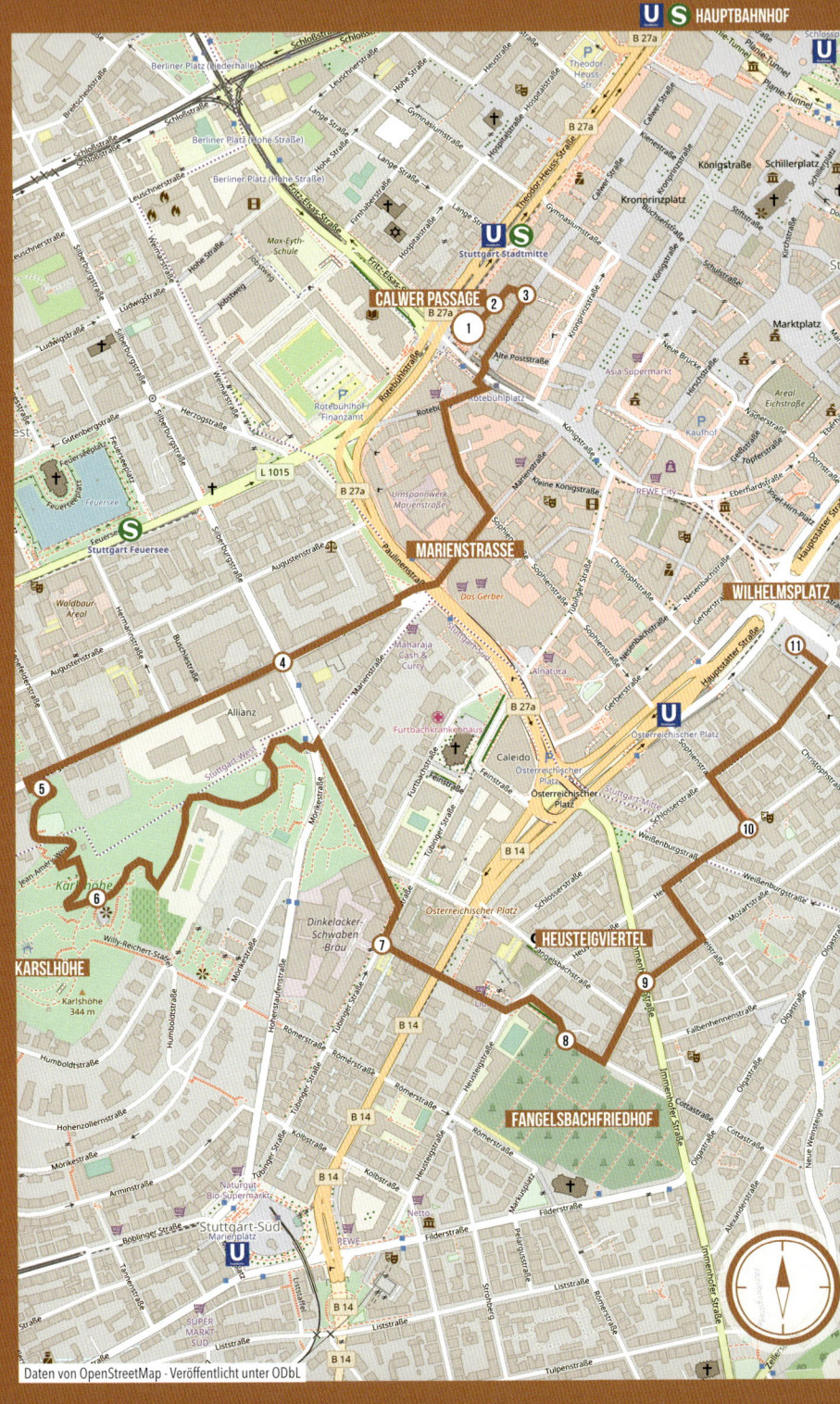

DAS DREI-BEZIRKE-ECK

Raus aus der City

Wir verlassen die City auf dieser Tour, um zwei weitere Innenstadtbezirke zu streifen. Die Bezirke Stuttgart Mitte, Süd und West treffen sich am Fuß der Karlshöhe. Dieser Bergrücken schiebt sich weit in den Stuttgarter Talkessel bis in die Innenstadt hinein und trennt dabei den südlichen vom westlichen Bezirk. Doch sowohl die Bewohner zur einen als auch zur anderen Seite des Hügels treffen sich gerne auf der Karlshöhe wieder, da diese seit Mitte des 19. Jahrhunderts ein beliebter grüner Naherholungsort mitten in der Stadt ist. Unser Spaziergang führt uns immer entlang der Grenze zur Innenstadt und dabei auch hinauf auf die Karlshöhe. Stuttgart West zur Rechten entstand einst als Erweiterung der Innenstadt, Stuttgart Süd, links der Karlshöhe, wuchs dagegen vom Weingärtnerort Heslach aus nach und nach mit der benachbarten Residenzstadt Stuttgart zusammen. Heute ist der Übergang der Innenstadtbezirke fließend, da auch sie sich längst zu lebendigen, urbanen Erweiterungen der Innenstadt entwickelt haben. Ein Grund also, die City noch einmal zu verlassen und diese zentrumsnahen spannenden Viertel zu entdecken.

 ca. 3,4 km

 ca. 60 Minuten

 Calwer Platz
Haltestelle Rotebühlplatz
Haltestelle Stadtmitte

1. Calwer Platz

Wir starten diesen Spaziergang am Calwer Platz, am Ende der Calwer Passage. Und zwar brechen wir hier von der geografischen Mitte Stuttgarts auf. Tatsächlich befindet sich diese 15 Meter weiter entfernt in der Passage unter dem Rotebühlplatz, die zu den Stadt- und S-Bahnen führt. Eine

Hinweistafel des Stadtmessungsamts – das die Mitte der Landeshauptstadt errechnete – befindet sich hier im Bodenbelag auf dem kleinen Calwer Platz.

 Vor uns liegt der Eingang der überdachten **Calwer Passage, die wir nun betreten**.

2. Calwer Passage

Eigentlich liegt die Passage in der entgegengesetzten Richtung unserer Route, aber sie ist eine Besonderheit in Stuttgart, und deshalb spazieren wir einmal durch sie hindurch. Erbaut wurde die Calwer Passage 1978 und steht heute auf der Liste der Kulturdenkmäler der Stadt. Sie entstand zeitgleich mit der Renovierung der parallel verlaufenden Calwer Straße. Die Passage wird von einem gewölbten Glasdach überspannt, und der Bodenbelag besteht aus weißem Marmor und schwarzem Granit. Dementsprechend edel waren die Geschäfte, die sich einst entlang der Passage aneinanderreihten.

Am Ende der Passage nehmen wir den **Weg nach rechts** und gelangen so auf die **Calwer Straße, der wir rechter Hand folgen**.

3. Calwer Straße

Die Straße, die einst aus der Stadt in Richtung Calw hinausführte, wurde bereits im 15. Jahrhundert angelegt. Fast wäre dieser Straßenzug – mit seinen Bauwerken im Stil von Biedermeier, Rokoko, Spätbarock, Neorenaissance, Fachwerk und Jugendstil – in den 1970er-Jahren der „Modernisierung" der Stadt zum Opfer gefallen. Doch nach Protesten wurden die Gebäude stattdessen restauriert und blieben erhalten. Am Ende der Straße befand sich einst der alte Postplatz, von dem nicht mehr als der Postplatzbrunnen erhalten blieb.

Über die **Ampel wechseln wir die Straßenseite** und stoßen so – in der Verlängerung der Calwer Straße – auf die **Sophienstraße, in die wir links einbiegen.** Nach circa 150 Metern biegen wir **rechts in die Marienstraße** ein, bis wir auf die **Paulinenstraße treffen, die wir an der Ampel überqueren.** Wir setzen unseren Weg **geradeaus in der Reinsburgstraße** fort.

Wir sind nun mit dem Wechsel der Straßenseite an der Paulinenstraße im Bezirk Stuttgart West angekommen. Haus Reinsburgstraße 6 wurde 1862 fertiggestellt und war damals der Firmensitz der Stuttgarter Lebensversicherungs- und Ersparnisbank, zu deren Geschichte es an unserem nächsten Haltepunkt mehr zu erfahren gibt.

4. Ecke Reinsburg– und Silberburgstraße

Das im Jahr 1900 eingeweihte, repräsentative Bauwerk links vor uns in der Silberburgstraße wurde zum neuen Hauptsitz der eben bereits erwähnten Stuttgarter Lebensversicherungs- und Ersparnisbank. Die Versicherung wurde in den 1920er-Jahren von der Allianz geschluckt, und rund 30 Jahre später siedelte sich hier das Tochterunternehmen – Allianz Lebensversicherungen – an. Die Allianz wird diesen innenstadtnahen Standort – inklusive des wuchtigen Gebäudekomplexes hinter dem Altbau – voraussichtlich 2022 aufgeben.

Wir **überqueren die Silberburgstraße** nun an der Ampel und setzen unseren Weg entlang der Reinsburgstraße fort. Bei der Ampel **an der Hermannstraße wechseln wir auf die linke Seite der Reinsburgstraße** und folgen dieser rund 200 Meter, bis wir **links in den Jean-Amery-Weg** einbiegen, der sich die Karlshöhe hinaufschlängelt.

5. Athene-Brunnen

Der Weg hinauf zum Gipfel der Karlshöhe führt uns vorbei am Athene-Brunnen. Dieser ist das letzte Überbleibsel des ehemaligen Privatgartens des Industriellen Gustav Siegle. Seine Villa befand sich weiter unterhalb des Brunnens, an jener Stelle, wo heute der Kinderspielplatz zu finden ist. Der Athene-Brunnen wurde vor einigen Jahren saniert, und das Wasserspiel kann seither auf Knopfdruck gestartet werden.

Links am Brunnen vorbei gelangen wir über eine Treppenanlage zum Gipfel der Karlshöhe.

6. Biergarten auf der Karlshöhe

Wir haben nun den Bezirk Stuttgart Süd erreicht, und vor uns befindet sich der beliebte Biergarten auf der Karlshöhe. Eröffnet wurde dieser 1961 zur Bundesgartenschau – ursprünglich jedoch als Milchbar. In diesen Bars wurden vor allem antialkoholische Getränke und Speiseeis serviert. Die Karlshöhe als Parkanlage ist jedoch wesentlich älter. Ab dem 14. Jahrhundert wurde hier oben – auf dem damals noch als Reinsburghügel genannten Bergrücken – Schilfsandstein abgebaut. 1865 gestaltete man den Steinbruch schließlich zu einer öffentlichen Parkanlage um und 1889, zum 25-jährigen Regierungsjubiläum König Karls, erhielt die Karlshöhe dann ihren heutigen Namen.

Wir setzen unseren Weg fort, indem wir **links am Biergarten vorbei** bergabgehen. An der **Weggabelung wählen wir den Weg links** und folgen dem geschlängelten Weg, vorbei an einem Spielplatz, bis wir die Grünanlage verlassen und auf eine Straßenkreuzung treffen. Wir **überqueren die Mörikestraße** an der Ampel und biegen dann **rechts in die Silberburgstraße** ein, die steil bergab führt. An der Kreuzung biegen wir rechts in die Tübingerstraße ein.

7. Dinkelacker

8. Ecke Heusteig- und Cottastraße

Rechts von uns befindet sich die Brauerei Dinkelacker mit der angegliederten Brauereigaststätte. Sie wurde an diesem Standort 1888 von Carl Dinkelacker gegründet und ist, mit einer kurzen Unterbrechung, bis heute in Familienbesitz. Dinkelacker ist eine von zwei großen Brauereien in Stuttgart und vertreibt zudem die Marken Schwaben Bräu, Sanwald und Wulle.

Wir wechseln jetzt die Straßenseite und **folgen der Cottastraße**. An der Ampel **überqueren wir die B 14**. Die Cottastraße macht schließlich einen Knick nach links, um gleich darauf wieder rechts bergauf zu führen. An dieser Biegung befindet sich unser nächstes Ziel.

Zu unserer Rechten befindet sich nun der Fangelsbachfriedhof, der 1823 angelegt wurde. Er befand sich damals noch außerhalb der Stadt, umgeben von Feldern und Wiesen. Die angrenzende Markuskirche wurde erst 1908 eingeweiht. Carl von Schiller, der Sohn des Dichters Friedrich Schiller, wurde auf dem Fangelsbachfriedhof beigesetzt. Dieses Grab – das sich nahe dem Eingangstor befindet – wurde 2008 geöffnet, um von Carls sterblichen Überresten DNA-Proben zu entnehmen. Damit sollte ermöglicht werden, die Gebeine seines Vaters identifizieren zu können.

Wir folgen der Cottastraße noch einige Meter bergauf, bis wir nach **links in die Mozartstraße** einbiegen und nach circa 70 Metern auf einen kleinen Platz treffen.

9. Ecke Mozart- und Immenhofer Straße

Das Plätzchen, auf dem wir nun stehen, wird auch Mozartplätzle genannt. Offiziell ist dieser Name jedoch nicht. Am unteren Ende der Straße befindet sich sein Pendant, der tatsächlich den Namen Mozartplatz trägt. Wir befinden uns jetzt mitten im Heusteigviertel, einem der besterhaltenen Gründerzeitviertel in Stuttgart. Prächtige Altbauten reihen sich hier aneinander. Häuser entstanden an dieser Stelle nach und nach ab Mitte des 19. Jahrhunderts. Zuvor war dieser Bereich vor allem bewaldet.

Wir überqueren die Immenhofer Straße an der Ampel und gehen die Mozartstraße weiter entlang, bis wir nach **links in die Mittelstraße** und wenige Meter weiter **rechts in die Heusteigstraße** einbiegen, die wir weiter entlangspazieren.

10. Ecke Heusteig- und Sophienstraße

Wir sind zurück im Bezirk Stuttgart Mitte. Das sogenannte Eduard-Pfeiffer-Haus – das stattliche Gebäude Heusteigstraße 45 – wurde Ende des 19. Jahrhunderts im Auftrag des Vereins für das Wohl der arbeitenden Klassen als Wohnheim für „alleinstehende und sozial schwache Männer" erbaut. Das Gebäude blieb im Zweiten Weltkrieg fast unbeschädigt, und daher fand im Festsaal des Hauses 1947 die erste Plenarsitzung des Landtages statt. 1952 wurde hier schließlich auch das Land Baden-Württemberg gegründet.

Gegenüber dem Eduard-Pfeiffer-Haus nehmen wir nun die **Staffel hinunter zur Sophienstraße**, bis wir **rechts in die Schlosserstraße** einbiegen und dieser bis zum Wilhelmsplatz folgen. Unser Streifzug durch drei Bezirke endet dort, zurück in der Innenstadt.

11. Wilhelmsplatz

Der Wilhelmsplatz ist der alte Richtplatz der Stadt. Bis 1811 wurden hier Hinrichtungen mit dem Schwert durchgeführt, bis die Richtstätte auf die Feuerbacher Heide verlegt und hier, vor den Toren der Altstadt, der Wilhelmsplatz angelegt wurde. Aus jener Zeit stammen die Häuser auf der gegenüberliegenden Straßenseite im Leonhardsviertel, wo auch der Henker lebte. Heute ist der Wilhelmsplatz vor allem bei Hungrigen beliebt, da sich hier einige Gastronomen angesiedelt haben.

Hier lohnt sich ein Besuch!

① Leonhardsviertel/Bohnenviertel

Das Leonhards- und das Bohnenviertel erstrecken sich zwischen Wilhelmsplatz und Charlottenplatz. Sie gehören zu den wenigen gut erhaltenen Altstadtviertel in der Stuttgarter City. Das Leonhardsviertel besteht noch heute aus zahlreichen jahrhundertealten Häusern und schmalen Gassen. Das Bohnenviertel lädt mit seinen Weinlokalen, Cafés und kleinen Boutiquen besonders zum Flanieren ein.

② St. Catherine's Church

Die kleine Kirche wurde zu Beginn des 19. Jahrhunderts für die englischsprachigen Gäste Stuttgarts und des benachbarten Kurorts Cannstatt erbaut. Noch heute finden hier Predigten der Anglikanischen Gemeinde und der Old Catholic Congregation statt.

Lorenzstaffel 8

③ Schellenturm

Er ist das letzte Türmchen der ehemaligen Stadtbefestigung, die die Innenstadt jahrhundertelang zu ihrem Schutz einfasste. In dem kleinen Turm wurden früher Vorräte für die ärmere Bevölkerung gelagert. Den Namen Schellenturm erhielt er nach dem Abriss eines benachbarten Gefängnisturms, der bis dahin diesen Namen trug. Heute ist dort ein schwäbisches Lokal ansässig.

Weberstraße 72

④ Hans-im-Glück-Brunnen

Das Quartier rund um den Hans-im-Glück-Brunnen ist eines der wenigen gut erhaltenen Altstadtviertel im Stadtzentrum. In diesem Viertel haben sich zahlreiche Bars, Cafés und Restaurants angesiedelt.

Geißstraße 13

⑤ Hegel-Haus

Im Geburtshaus von Georg Wilhelm Friedrich Hegel wird in dem heutigen kleinen Museum die Lebensgeschichte des Philosophen erzählt.

Eberhardstraße 53
www.stadtpalais-stuttgart.de/hegel-haus

Gastro-Tipp

Ⅰ Noodle 1 Dining
Restaurant (vietnamesische Küche)

Wilhelmsplatz 1
noodle1.de

Ⅱ Weinhalle 1896
Restaurant (schwäbische und deutsche Küche)

Wilhelmsplatz 6
weinhalle1896.de

Ⅲ Reiskorn
Restaurant (internationale Küche)

Torstraße 27
das-reiskorn.de

Daten von OpenStreetMap · Veröffentlicht unter ODbL

So reisen Sie weiter

Folgen wir der Hauptstätter Straße nach links, erreichen wir nach wenigen Metern die Haltestelle Österreichischer Platz.

Folgen wir der Hauptstätter Straße nach rechts, erreichen wir nach circa 150 Metern die Haltestelle Rathaus.

REIN IN DIE INNENSTADT-BEZIRKE

Nord, Süd, Ost und West – das sind die Namen der vier Bezirke, die sich um das Stadtzentrum gruppieren und gemeinsam mit ihm die sogenannten Innenstadtbezirke bilden. Zugegeben, ihre Namen sind nicht sonderlich originell, sie beschreiben schlicht und einfach die Himmelsrichtungen, in die sich die Altstadt nach und nach ausbreitete. Doch jeder Innenstadtbezirk entwickelte sich ganz unterschiedlich. Der Norden ist noch heute kaum als einheitlicher Stadtbezirk zu erkennen. Der Süden wuchs nach und nach mit einem benachbarten Weinbauort zusammen. Im Osten wurden Dörfer eingemeindet und nach und durch den Bau von Wohnsiedlungen miteinander verbunden. Der Bezirk im Westen hingegen wurde innerhalb von wenigen Jahrzehnten aus dem Boden gestampft. So unterschiedlich die Stadtbezirksentwicklung verlief, so unterschiedlich sind sie auch heute noch in Architektur, kulturellem Angebot, Urbanität und Einwohnern. Die Eigenheiten von Nord bis West werden wir auf den folgenden Spaziergängen erleben können.

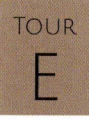

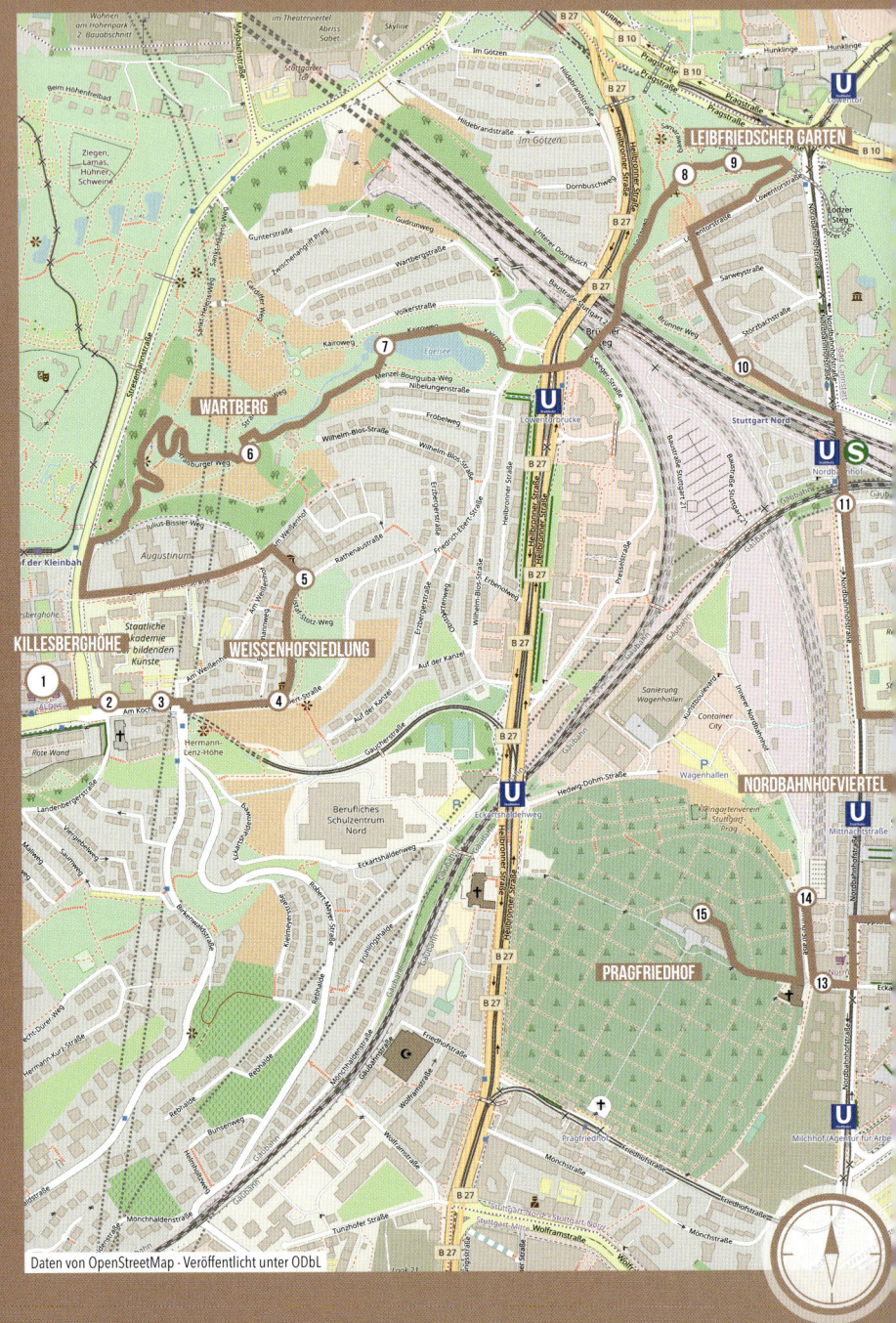

Daten von OpenStreetMap · Veröffentlicht unter ODbL

DER NORDEN

Rein in die Innenstadtbezirke

Stuttgart-Nord ist wohl der vielseitigste der fünf Innenstadtbezirke. Sowohl der Killesberg – mit seinen gut betuchten Einwohnern – als auch das Nordbahnhofviertel mit seinen einfachen Backsteinhäusern prägen sein Gesicht. Schicke Villen auf dem Gähkopf findet man hier ebenso wie Weingüter an der Mönchhalde, den großen Pragfriedhof oder die Wagenhallen – eine Heimat der Subkultur. Viele Stadtteile im Norden wirken wie eigene kleine Welten für sich. Durch Parkanlagen, Weinberge, grüne Hügel oder breite Straßen voneinander getrennt, haben sie sich unabhängig voneinander entwickelt. In naher Zukunft werden noch einige neue Viertel hinzukommen. Denn vor allem der Stuttgarter Norden profitiert vom Bahnprojekt „Stuttgart 21". Wenn nach Beendigung der Bauarbeiten die oberirdischen Gleisanlagen verschwunden sein werden, stehen dem Bezirk am Abstellbahnhof und am Nordbahnhof weite Flächen zur Innenstadtentwicklung zur Verfügung. Vielleicht entsteht in diesem Rahmen auch ein Bezirkszentrum im Norden, welches sich durch die getrennten Stadtviertel nie entwickeln konnte. Auf unserem Spaziergang durch den Innenstadtbezirk werden wir den Facettenreichtum des Nordens erleben.

 ca. 5 km

 ca. 80 Minuten

 Killseberghöhe
Am Kochenhof 10/1
Haltestelle Killesberg

1. Innenhof Killesberghöhe

Dort, wo unser Spaziergang beginnt, befanden sich noch bis 2007 die Ausstellungshallen der Stuttgarter Messe. Nach dem Umzug der Messe an den Flughafen wurden die Hallen am Eingang des Höhenparks abgerissen. Seit 2012 bildet nun der Gebäudekomplex Killesberghöhe – mit Wohnungen, Büros, Läden und Gastronomie – das Eingangstor zur Grünanlage.

👣 Wir verlassen den Innenhof der Killesberghöhe in Richtung **Straßenkreuzung und überqueren an der Ampel die Stresemannstraße**.

2. Ecke Stresemannstraße und Am Kochenhof

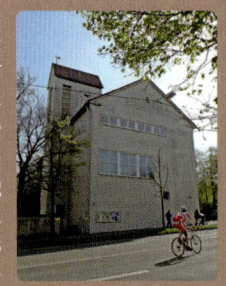

Zu unserer Rechten sehen wir auf der anderen Straßenseite die Brenzkirche. Deren Einweihung stand unter keinem guten Stern. Das modern gestaltete Gebäude wurde nämlich im Jahr 1933 eingeweiht – in dem Jahr, in dem die Nationalsozialisten an die Macht kamen. Der „volksfremde" Kirchenbau war ihnen ein Dorn im Auge. Der Stil des Neuen Bauens störte nach Ansicht der NS-Politiker „das deutsche Empfinden" und musste daher umgebaut werden. Die Flachdächer wurden 1939 durch Satteldächer ersetzt. Die großen Fenster wurden gegen Sprossenfenster ausgetauscht, und die runde Wand zur Straße hin hatte man abreißen und durch eine „ordentliche", rechtwinklige Ecke ersetzen lassen.

👣 Weiter entlang der Straße Am Kochenhof sehen wir zu unserer Linken den Eingangsbereich der Akademie der Bildenden Künste.

3. Am Kochenhof 1

4. Ecke Friedrich-Ebert-Straße und Rathenaustraße

Die staatliche Akademie der Bildenden Künste ist die älteste Hochschule Stuttgarts. Sie zählt mit ihren rund 900 Studierenden ebenfalls zu den größten und ältesten Kunsthochschulen Deutschlands. Gegründet wurde das Institut offiziell bereits 1761 von Herzog Carl Eugen als Académie des Arts. Die Hochschule wurde in ihrer Geschichte mehrmals umgesiedelt und umbenannt, bis sie 1913 schließlich das Jugendstilgebäude hier auf dem Killesberg beziehen konnte. Als die Akademie 1941 mit der 1869 gegründeten Stuttgarter Kunstgewerbeschule zusammengelegt wurde, erhielt sie ihren heute noch gebräuchlichen Namen.

Das markante Eckgebäude am Beginn der Rathenaustraße ist seit 2016 UNESCO-Weltkulturerbe. Diesem und dem dahinterliegenden Haus Bruckmannweg 2 wurde gemeinsam mit 15 weiteren Gebäuden des Architekten Le Corbusier der begehrte Titel verliehen. Zehn Jahre zuvor wurde in dem Gebäude vor uns das Weissenhofmuseum eröffnet. In der linken Hälfte des Doppelhauses wird anhand von Modellen, Bildern und Schriftstücken die Geschichte der 1927 erbauten Weißenhofsiedlung – von der das Le-Corbusier-Haus ein Teil ist – erzählt. In der rechten Haushälfte wurden die bunten Wohnräume komplett rekonstruiert und dienen mit ihren Schiebewänden und den Betten in Einbauschränken als „begehbares Exponat".

Wir gehen die Straße Am Kochenhof weiter entlang, überqueren an der Ampel die Straße Am Weißenhof und **folgen nun der Friedrich-Ebert-Straße** bergab. Schließlich biegen wir an der **Rathenaustraße links** ein.

Weiter führt uns unser Weg die Rathenaustraße entlang, bis wir **links in den Hölzelweg** einbiegen.

5. Ecke Rathenaustraße und Hölzelweg

Für die Ausstellung „Die Wohnung" haben 1927 namhafte Architekten auf dem Weißenhof 21 moderne Wohnhäuser in nur 21 Wochen Bauzeit entstehen lassen. Dies in einer Zeit, in der das traditionelle Bauen mit den typischen Satteldächern noch der gängige Architekturstil war. Die Nationalsozialisten bezeichneten die Mustersiedlung daher als „Araberdorf" und planten den Abriss der Häuser. Das „übernahm" wenig später der Zweite Weltkrieg, dem zehn Gebäude zum Opfer fielen. Das Haus Hölzelweg 1 beispielsweise überstand die Bombardements. Der Friedrich-Ebert-Wohnhof auf der gegenüberliegenden Straßenseite mit dem markanten Turm wurde zeitgleich mit der Weißenhofsiedlung – nach dem Vorbild der Wiener Gemeindebauten – fertiggestellt.

Der Hölzelweg trifft nun auf die Straße **Am Weißenhof, in die wir links abbiegen**, um wenige Meter weiter **der Oskar-Schlemmer-Straße geradeaus** zu folgen. An der **Stresemannstraße biegen wir rechts** ein, folgen dieser wenige Meter bis zum **Julius-Bissier-Weg und gehen links von diesem den schmalen Pfad** bergab ins Grüne. Der Weg geht in eine Treppe und anschließend in einen geteerten Weg über, dem wir weiter bergab folgen. In einer Talsenke angekommen, folgen wir dem sich hinabschlängelnden Weg am rechten Hang entlang.

6. Auf dem Wartberg

Die Talmulde, in der wir uns nun befinden, trägt den Namen Wartberg. Sie wurde zur Internationalen Gartenbauausstellung (IGA) 1993 zur einen Seite mit Schrebergärten und zur anderen Seite – dort, wo wir uns nun befinden – mit verschiedenen Kunstinstallationen ausgestattet. Wir kommen beispielsweise an steinernen Thronen (das Werk „Bei der Buche") vorbei, treffen beim Hinabspazieren auf rot-weiße Stangen („Unter den Stangen") und auf das „Grottenloch" zu unserer Rechten. Nach dem Ende der Gartenschau wurde der Wartberg zu einer öffentlichen Grünfläche und damit für jedermann zugänglich.

Der Weg weiter bergab trägt nun den Namen Straßburger Weg und führt uns direkt auf den Egelsee zu.

7. Am Egelsee

Der Egelsee am Fuß des Wartbergs wurde ebenfalls zur IGA 1993 künstlich angelegt. Zuvor befanden sich hier eine große Gärtnerei, Weinberge, Streuobstwiesen und zahlreiche kleine Privatgärten. Im See und an seinem Ufer befinden sich mehrere Wasserspiele, die abwechselnd aktiviert werden. Der Name des Sees stammt von einem alten, lange zuvor aufgelassenen See in der Nähe des Wartbergs, wo die Stuttgarter einst ihre Blutegel gegen Herzinfarkt einsammelten.

Wir gehen am **linken Seeufer** entlang und können so die verschiedenen Wasserspiele erleben. Am oberen Ende des Egelsees gehen wir den steil ansteigenden Weg hinauf und gelangen so  **auf den Bombaysteg**, der sich über die breite Bundesstraße spannt. Ihm schließt sich der **Brünner Steg** an, der uns über die Bahngleise am Nordbahnhof führt. Am Ende des Stegs gabeln sich mehrere Wege. Wir nehmen den **Weg vor uns, der den Berg hinauf** führt.

9. Leibfriedscher Garten
Villa Moser

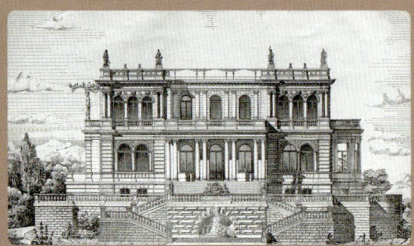

8. Leibfriedscher Garten
Bastion Leibfried

Wir befinden uns nun im Leibfriedschen Garten. Auch er wurde zur IGA 1993 neu gestaltet und bildet seither das grüne Bindeglied zwischen dem Rosensteinpark und dem Wartberg. Auch auf dieser Grünanlage hatte man verschiedene Kunstprojekte angesiedelt. Die Bastion Leibfried links von uns ist eine davon. Hierbei handelt es sich um einen künstlich aufgeschütteten, kegelförmigen Hügel, auf dessen Spitze sich eine Aussichtsplattform befindet. Fünf Hainbuchen und eine runde Natursteinmauer, die die Plattform umschließt, sind weithin sichtbar und somit ein Markenzeichen der Gartenanlage.

Dem **Lodzweg, auf dem wir gekommen sind, folgen** wir weiter durch den Tunnel aus Hainbuchen. Nach circa 100 Metern taucht – etwas versteckt hinter Büschen und Bäumen – zu unserer Linken eine Ruine auf.

1875 erwarb der Fabrikant Eduard Otto Moser – ein Gründer von Moser-Roth, deren Schokolade heute von einem Discounter als Hausmarke geführt wird – dieses Grundstück. Hier ließ er dann auch seine Villa errichten, die 30 Jahre später – inklusive eines großen Gartens – vom Privatier Karl Ernst Leibfried erworben wurde. Die Villa wurde 1944 durch Bombenangriffe vollkommen zerstört. Die Ruine des Gebäudes – unter anderem die noch erhaltene Grotte – wurde in die IGA als Kunstprojekt integriert. Über Laufstege wurde die Besichtigung der Überreste der Villa ermöglicht. Die Stege der Kunststation Villa Moser sind mittlerweile jedoch selbst zur Ruine geworden.

Weiter geht es bergab, wir **umrunden dabei eine gläserne Pyramide** und stoßen am Ende des Weges auf die **Löwentorstraße, in die wir rechts einbiegen.** Nach knapp 100 Metern steigen wir zu unserer Linken eine **Staffel (neben Haus Nummer 18) hinunter,** unterqueren eine Rutschbahn und treffen dann auf die **Sarweystraße, wo wir rechts einbiegen,** um wenige Schritte weiter den **Fußgängerweg links von uns entlangzugehen.** Der Weg geht in die Störzbachstraße über, der wir weiter geradeaus folgen.

10. Störzbachstraße 13-27

Die Internationale Gartenbauausstellung hat im Stuttgarter Norden viele Spuren hinterlassen. Selbst in der Architektur. Die Wohngebäude zu unserer Linken wurden ebenfalls 1993 fertiggestellt und waren unter dem Titel „Wohnen 2000" als „Vorbildsiedlung in einer benachteiligten Lage" – direkt an den Bahngleisen gelegen – gedacht. Der ökologische und nachhaltige Gedanke zeigt sich durch die begrünten Atrien, Treppenhäuser und Wintergärten sowie durch Solarzellen zur Stromgewinnung. Vorgehängte Glasfassaden dienen als zusätzlicher Schallschutz.

👣 Wenn wir dem Weg weiter folgen, treffen wir auf die **Nordbahnhofstraße und wechseln hier die Straßenseite**. Weiter geht es nun nach **rechts, die Nordbahnhofstraße entlang**. Wir unterqueren dabei die alten Eisenbahnbrücken und treffen an der Rosensteinstraße auf unser nächstes Ziel.

11. Ecke Nordbahnhof- und Rosensteinstraße

Die Eisenbahnbrücke hier am Nordbahnhof wurde Ende des 19. Jahrhunderts erbaut. Die drei kleinen Häuschen – früher waren es einmal vier – wurden in der Nachkriegszeit in die Bögen des Viadukts hinein gebaut. Die baugleichen Häuser entstanden in den 1950er-Jahren als Musterbeispiel des „Platzsparenden Wohnens" in einer Zeit, in der Wohnraum rar war. Aufgrund ihrer Baugeschichte stehen die Brücke und die drei „untergestellten" Häuschen unter besonderem Schutz.

👣 Die Nordbahnhofstraße weiter geradeaus treffen wir auf die **Steinbeisstraße, in die wir links einbiegen**, um wenige Meter weiter nach **rechts in die Kleinstraße** zu gehen.

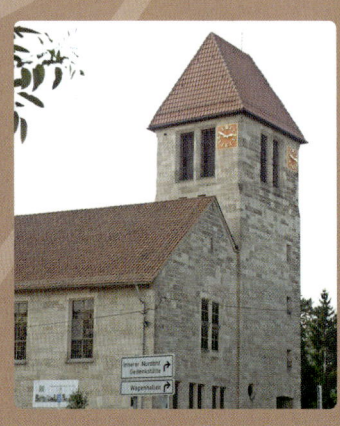

12. Ecke Klein- und Knappstraße

Wir befinden uns mitten im Nordbahnhofviertel. In den 1880er-Jahren entstand auf dem heutigen Nordbahnhofareal ein Güterbahnhof. Um den Arbeitern der Reichsbahn – Tagelöhnern und ehemalige Bauern aus dem Umland – einen Wohnsitz bieten zu können, entstand in direkter Nachbarschaft dieses sogenannte Eisenbahnerviertel.

Die gesamte Siedlung mit ihren Backsteinbauten steht heute unter Denkmalschutz. Die Wohnungen waren für ihre Zeit – mit eigener Küche und Toilette – sogar sehr modern. Nur zum Baden musste man noch in die öffentliche Badeanstalt, hier zur Linken, in der Kleinstraße Nummer 4.

👣 **Rechts die Knappstraße hinauf** gelangen wir wieder auf die **Nordbahnhofstraße**, wechseln die Straßenseite und folgen dieser dann **links** weiter. Nach knapp 100 Metern biegen wir **rechts in die Eckartstraße** ein.

13. Ecke Eckart- und Otto-Umfried-Straße

Linkerhand sehen wir die Martinskirche, die 1937 eingeweiht wurde. Kirchenneubauten waren zur Zeit des Nationalsozialismus eher eine Seltenheit. Das Besondere an diesem Gotteshaus: Die Bauherren wurden bereits bei der Planung dazu verpflichtet, das Kellergeschoss als Schutzraum zu gestalten und ihn für rund 1.000 Menschen zur Verfügung zu stellen. Sie wird daher oft auch als „Bunkerkirche" bezeichnet.

👣 Wir biegen nun **rechts in die Otto-Umfried-Straße** ein und erreichen kurz darauf unsere nächste Station.

14. Gedenkstätte
Zeichen der Erinnerung

Die Gedenkstätte „Zeichen der Erinnerung" ist den Opfern des Nationalsozialismus gewidmet. Der Ort des Erinnerns wurde am Inneren Nordbahnhof eingerichtet. Von hier aus wurden mehr als 2.500 Juden, Roma und Sinti aus Württemberg und Hohenzollern in Eisenbahnwaggons in die Konzentrationslager transportiert. Fünf Gleise, von denen aus die Fahrten in den sicheren Tod starteten, sind erhalten geblieben. Auf der langen Mauer, die sich entlang der Gleise erstreckt, sind alle Namen der von hier deportierten Menschen zu finden.

Wir gehen dieselbe Strecke über die **Otto-Umfried-Straße wieder zurück** und biegen **vor der Martinskirche rechts in den Weg** ein, der uns durch den Pragfriedhof führt. Der Teil des Friedhofs links des Wegs ist auch architektonisch sehenswert. Hier endet nun auch unser Streifzug durch den Stuttgarter Norden.

15. Auf dem Pragfriedhof

Der städtische Zentralfriedhof auf der Prag wurde 1873 eingeweiht. Zu dieser Zeit entstanden die Kapelle am Haupttor und die Leichenhalle, welche vom letzten Baumeister des Ulmer Münsters – August Beyer – entworfen wurden. Nach rund 30 Jahren musste der Pragfriedhof erweitert werden, und in diesem Zusammenhang wurde bis 1907 auch das tempelartige Krematorium im Jugendstil errichtet. Unter anderem liegen Eduard Mörike, Karl von Gerok, Graf Ferdinand von Zeppelin und die Opernsängerin Anna Sutter hier begraben.

Hier lohnt sich ein Besuch!

① Wagenhallen

Die Wagenhallen wurden 1885 durch die könig-
lich-*württembergische Staats-Eisenbahnen* errichtet, um dort Lokomotiven und Waggons – später
auch Busse – reparieren und warten zu können.
Seit 2003 werden die Hallen des Backsteinge-
bäudes von über 70 freischaffenden Künstlern
als Ateliers, Werkräume und Proberäume genutzt. Zudem finden hier zahlreiche Konzerte statt.

Innerer Nordbahnhof 1

② St. Georg

Die katholische Kirche wurde im Stil der neuen
Sachlichkeit erbaut und 1930 fertiggestellt.

Heilbronner Straße 135

③ Erlöserkirche

Das protestantische Gotteshaus aus Kalktuffstein wurde 1908 eingeweiht. Die Skulptur vor der Kirche zeigt
den „Barmherzigen Samariter" und wurde 1958 nach
dem Wiederaufbau des Gebäudes dort aufgestellt.

Birkenwaldstraße 24

④ Stadtbibliothek

In starkem Kontrast zur nüchternen Fassade der
2011 eingeweihten Stadtbibliothek steht die In-
nenarchitektur. Den 14 Meter hohen und 14
Meter breiten Raum im Zentrum des Gebäudes – das Herz – konzipierte der Architekt Eun
Young Yi als einen Raum der Stille. Sein Pendant ist der direkt darüber liegende große Galeriesaal, in Form einer umgekehrten Pyramide.

Mailänder Platz 1

Gastro-Tipp

Ⓘ Restaurant Weissenhof
(schwäbische und österreichische Küche)

Heilbronner Straße 21
restaurantweissenhof.de

Ⅱ W XYZ Bar
im Aloft Hotel

Heilbronner Straße 70
aloftstuttgarthotel.com/wxyzbar

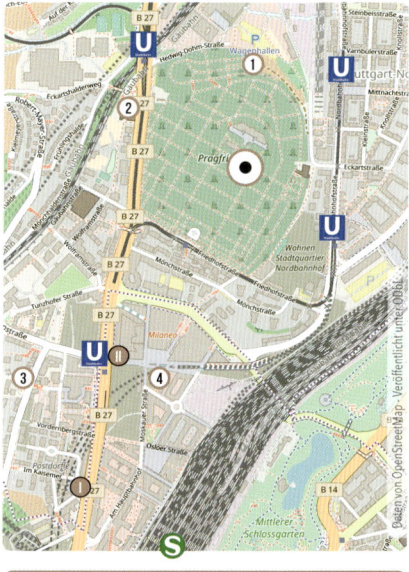

So reisen Sie weiter

Folgen wir dem Weg von der Martinskirche kommend
über den Friedhof, treffen wir auf die Heilbronner Straße
und die Stadtbahnhaltestelle Eckartshaldenweg (Pragfriedhof).

Gehen wir zurück zur Nordbahnhofstraße und biegen dort
nach links ein, erreichen wir nach wenigen Hundert Metern
die Stadtbahnhaltestelle Mittnachtstraße.

Gehen wir zurück zur Nordbahnhofstraße und biegen
dort nach rechts ein, erreichen wir nach wenigen Hundert
Metern die Stadtbahnhaltestelle Milchhof.

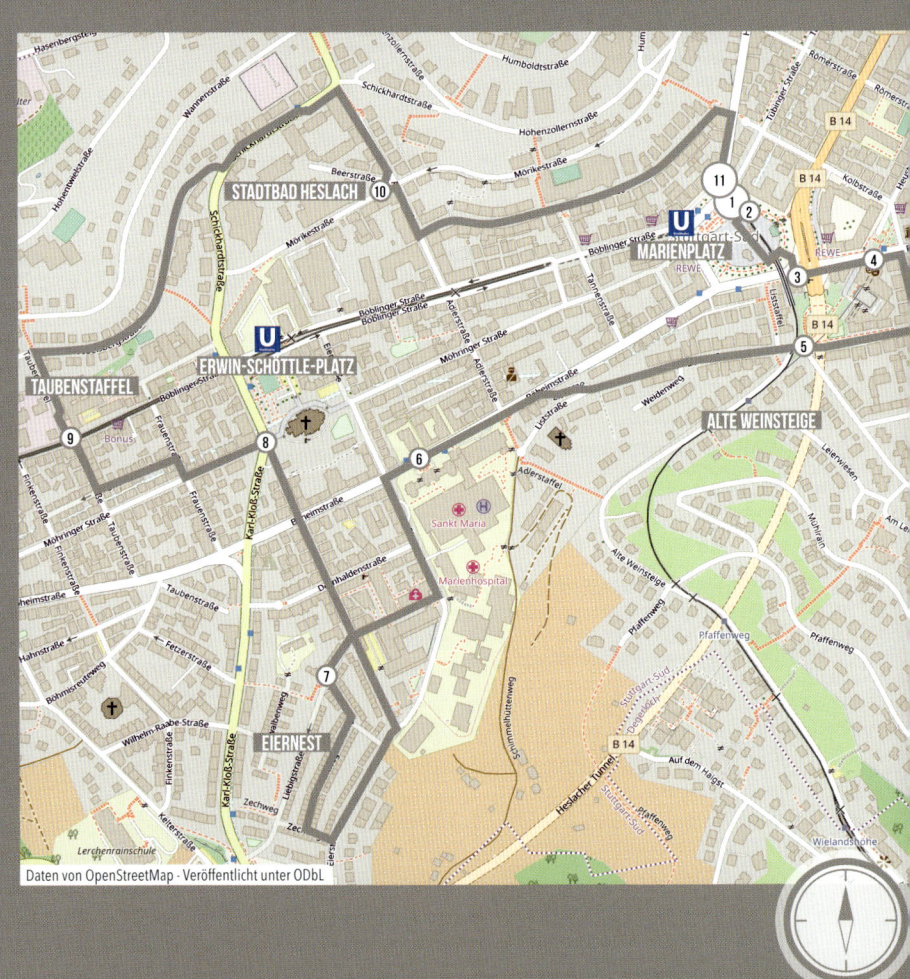

DER SÜDEN

Rein in die Innenstadtbezirke

Die Innenstadt geht nahtlos in den Bezirk Stuttgart-Süd über. Die trennende Wirkung, die die Paulinenbrücke als Bezirksgrenze einst ausübte, hat das Straßenbauwerk längst verloren. Dies macht den Stuttgarter Süden einmalig. Denn kein anderer Innenstadtbezirk vermittelt noch weit in sein Zentrum hinein das Gefühl, Teil der lebendigen City zu sein. Dies ist auch der Grund, dass es der Marienplatz geschafft hat, sich zu einem richtigen urbanen Bezirkszentrum zu mausern. Der Platz wird längst nicht mehr nur von Anwohnern aus der Nachbarschaft frequentiert, auch Bewohner anderer Stadtteile und Gäste von außerhalb zieht es hierher.

Am Marienplatz wuchsen im 19. Jahrhundert auch die sich ausbreitende Residenzstadt Stuttgart und das Weinbaudörfchen Heslach zusammen. Diese Stadtteile bilden gemeinsam mit den Hanglagen am Bopserberg, der Karlshöhe und dem etwas abgeschlagen liegenden Örtchen Kaltental den Bezirk Stuttgart-Süd. Der „Süden" schmiegt sich in das – in Richtung Kaltental immer schmaler werdende – Nesenbachtal. Bewaldete Hügel, urbane Plätze und dörflicher Charme sorgen für eine reizvolle Mischung. Auf unserem Spaziergang werden wir nun genau diese Vielfalt des Bezirks kennenlernen.

 ca. 4 km

 ca. 70 Minuten

 Marienplatz
Hochstrahlbrunnen
Haltestelle Marienplatz

1. Marienplatz
   Hochstrahlbrunnen

2. Vor der
   Zahnradbahn-Haltestelle

Los geht's mit unserem Rundgang durch den Süden am Marienplatz – dem eindeutigen Herz des Bezirks. Der Hochstrahlbrunnen steht übrigens stellvertretend für den Nesenbach, der hier im Untergrund verläuft. Zu unserer Linken fällt besonders der massige Kaiser-Bau ins Auge.

Auch deshalb, da vor ihm – dank mehrerer Gastronomiebetriebe – immer etwas los ist. Mit einem Kaiser hat das Gebäude jedoch nichts zu tun. Es wurde 1911 fertiggestellt und beherbergte im Erdgeschoss die Automatenfabrik Kaiser. Schon vor über 100 Jahren war es dort möglich, kleine Türen eines Schaukastens per Münzeinwurf zu öffnen, um die dahinterliegenden Speisen und Getränke selbst zu entnehmen.

 Wir gehen vom Hochstrahlbrunnen in Richtung Zahnradbahn-Haltestelle.

Direkt vor dem Prellbock, am Ende der Zahnradbahngleise, befindet sich ein Gitter im Bodenbelag. Dies ist der Notausgang eines ehemaligen Schutzbunkers, der im Zweiten Weltkrieg unter dem Marienplatz angelegt wurde. Der Eingang befindet sich rechts von uns am Rande des Platzes. Heute wird der Bunker von Musikbands als Probenraum genutzt.

Die Zahnradbahn hält auf dem Marienplatz seit 1936. Es gab hier damals sogar ein kleines Bahnhofsgebäude samt Zeitungskiosk. Zu jener Zeit hatten die Nationalsozialisten den Marienplatz jedoch in „Platz der SA" umbenannt.

 Weiter geht es an der **Haltestelle rechts vorbei** und **unter der Bahnbrücke hindurch**. Wir gelangen so auf die **große Kreuzung**, wo die Hauptstätter Straße und die Filderstraße aufeinander treffen. Wir überqueren die erste Ampel und nehmen dann **die Ampel zu unserer Rechten**, die uns auf die andere Straßenseite der Filderstraße bringt, **direkt vor das Tunnelportal**.

3. Vor dem Heslacher Tunnel

Der Heslacher Tunnel, an dem wir eben vorbeikamen, wurde 1991 eingeweiht. Rund 50.000 Fahrzeuge fahren täglich durch ihn hindurch. Vor seiner Eröffnung rollten die Autokolonnen noch durch den Stadtteil Heslach. Der Tunnel wurde zusätzlich als Schutzraum für rund 5.000 Menschen geplant. Aus diesem Grund befinden sich hinter dem Tunnelportal am Marienplatz große Tore, durch die man im Notfall die Röhre hermetisch abriegeln kann.

Die **Straße vor dem Tunnel überqueren** wir nun ebenfalls an der Ampel und **folgen der Filderstraße** rund 50 Meter.

4. Vor dem Zahnradbahnhof Theater Rampe

Das schöne Gebäude Filderstraße 47 ist der alte Zahnradbahnhof, denn die Haltestelle der Zahnradbahn befand sich nicht immer auf dem Marienplatz. Bei ihrer Einweihung 1884 war hier die Talstation der „Zacke". Erst in den 1930er-Jahren wurde die Bahntrasse über eine Brücke auf den Marienplatz umgeleitet, da dort die Straßenbahnanschlüsse besser zu erreichen waren. Der alte Bahnhof dient heute immerhin noch als Depot für die Zahnradbahnen. Das Gebäude – das 1907 in neobarocker Form umgebaut wurde – beherbergt seit 1992 zudem das Theater Rampe, das sich zu einem der führenden Autorentheater mit Stücken der Gegenwartsdramatik entwickelt hat.

Wir folgen der Filderstraße noch ein paar Meter weiter, bis wir **rechts in die Lehenstraße** einbiegen, um wenig später in die leicht ansteigende **Liststraße abermals nach rechts** abzubiegen, der wir weiter folgen.

5. Ecke Alte Weinsteige und Liststraße

Auf der Grünanlage zu unserer Rechten sehen wir ein kleines Türmchen. Es ist das letzte Überbleibsel eines Straßenbahndepots, welches sich bis zu seinem Abriss beim Bau des Heslacher Tunnels am Marienplatz befand. Heute steht an seiner Stelle der Hotel-, Büro- und Wohnkomplex Südtor. Das alte Depot war ein richtiger Prachtbau mit Türmchen und Erker und wurde daher von den Stuttgartern auch liebevoll „Die Burg" genannt.

Die Alte Weinsteige zu unserer Linken wurde im 14. Jahrhundert angelegt und war für Jahrhunderte die einzige Verbindungsstraße zwischen den höher gelegenen Fildern und der Residenzstadt im Tal. Die zwei Kilometer lange Strecke überwindet rund 200 Höhenmeter, durch die sich Steigungen von bis zu 17 Prozent ergeben. Später sollte die Zahnradbahn die beschwerlichen Reisen über die Alte Weinsteige erleichtern.

👣 Wir folgen der Liststraße weiter, die uns nun bergab führt, dabei eine Rechtskurve macht und schließlich auf die **Böheimstraße trifft, in die wir links einbiegen**. Wir folgen dieser und stehen nach rund 100 Metern vor dem Marienhospital.

6. Vor dem Marienhospital

Das Marienhospital, links neben uns, wurde 1890 eingeweiht. Es entstand im Auftrag katholischer Ordensschwestern, und das war den protestantischen Stuttgartern ein Dorn im Auge. Auch das Gebäude selbst stand in der Kritik. Ein kirchliches Hospital sollte nicht derart protzig daherkommen. Dabei ist der Altbau hier an der Böheimstraße im Stil der Neorenaissance bereits eine abgespeckte Version der ursprünglichen Pläne. Als man in den 1980er-Jahren den wuchtigen Erweiterungsbau dahinter plante, war zunächst auch der Abriss des Altbaus angedacht, der jedoch unter Denkmalschutz gestellt wurde und nun als Verwaltungsbau dient. 45 Ordensschwestern sind noch heute im Marienhospital tätig.

👣 Wenige Meter weiter biegen wir nach **links in die Eierstraße** ein und folgen dieser bis zur **Hausnummer 48, wo wir rechts in den rot gepflasterten Fußweg** einschwenken. Wir überqueren die Schreiberstraße und setzen unseren Weg direkt gegenüber **in der Liebigstraße** fort.

7. Ecke Liebigstraße und Sperberweg

Wir befinden uns nun im sogenannten Eiernest, einer Wohnsiedlung, die in den 1920er-Jahren für die städtischen Arbeiter und Angestellten erbaut wurde. Die 180 Einfamilienhäuser entstanden nach dem Vorbild englischer Gartenstädte. Einstöckige Reihenhäuser mit ausgebautem Dachboden, im Grünen gelegen und mit kleinen Vorgärten waren typisch für diese Wohnsiedlungen. Die Häuschen waren größtenteils einheitlich gestaltet – im Farbton von Eierschalen gestrichen, mit grünen Fensterläden und identischen Türen. Da die Arbeitersiedlung größtenteils noch im ursprünglichen Zustand erhalten ist, steht sie heute unter Denkmalschutz. Der Namen „Eiernest" leitet sich voraussichtlich vom „Adlernest" ab, wie das Areal ursprünglich einmal hieß. Eine Adlerstraße gibt es noch heute unweit der Siedlung.

Unseren Spaziergang setzen wir nun nach **links in den Sperberweg** einbiegend fort, um wenige Schritte weiter nach **rechts in den Habichtweg** abzubiegen. Am Ende der Straße biegen wir **am Zechweg links** ein und treffen so wieder auf die **Eierstraße, der wir nach links** abbiegend folgen. An der Weggabelung gehen wir nach **links, die Schreiberstraße** hinunter. Die **Böheimstraße** überqueren wir an der Ampel und gehen die Schreiberstraße weiter geradeaus, bis wir am Erwin-Schoettle-Platz herauskommen.

8. Ecke Schreiber- und Möhringer Straße

Der Erwin-Schoettle-Platz ist das Herz des Stadtteils Heslach. Die Matthäuskirche rechts neben uns wird von den Einwohnern auch liebevoll „Heslacher Dom" genannt. Die Kirche im neoromanischen Stil wurde 1881 eingeweiht. Ihr gegenüber steht das Alte Feuerwehrhaus mit seinem hübschen Fachwerkturm. Das Backsteingebäude wurde Ende des 19. Jahrhunderts als Magazin

für die Heslacher Feuerwehr erbaut. Im Turm des Gebäudes – mit seiner Spitze in Sichtfachwerk – wurden die Feuerwehrschläuche zum Trocknen aufgehängt. In den 1970er-Jahren wurde das Gebäude in ein Kultur- und Bürgerzentrum für den Bezirk Stuttgart-Süd umgewandelt.

Wir **überqueren nun die Schreiberstraße** an der Ampel zu unserer Linken und setzen unseren Weg **entlang der Möhringer Straße** fort. An der ersten Kreuzung biegen wir **rechts in die Frauenstraße** und wenige Meter weiter **links in die Untere Straße** ein. Wir treffen dann auf die **Taubenstraße, der wir nach rechts folgen**, um dann die **Böblinger Straße zu überqueren**.

9. Ecke Taubenstaffel und Böblinger Straße

Links der Staffel befindet sich die Brauerei „Stuttgarter Hofbräu". Ab Mitte des 19. Jahrhunderts waren hier bereits die Brauereien Ritter und Englischer Garten ansässig. Diese vereinigten sich schließlich mit der weit älteren Klosterbrauerei St. Luzen – gegründet im 16. Jahrhundert – zur Württembergisch-Hohenzollerschen Brauereigesellschaft. Diese wurde 1883 zum offiziellen Hoflieferanten des württem-bergischen Königshofs ernannt. Den Namen Stuttgarter Hofbräu – und damit den Bezug zum Hoflieferanten – gab sich das Unternehmen jedoch erst nach dem Ende der Monarchie. Mit den Vorgeschichten der einzelnen Brauereien ist die Stuttgarter Hofbräu somit die älteste noch existierende und zudem die größte Brauerei der Stadt.

Nun geht es die **Taubenstaffel hinauf**, die als eine der längsten Stäffele der Stadt gilt. Wir treffen auf die **Gebelsbergstraße, in die wir rechts einbiegen** und der wir rund 400 Meter folgen. Wir treffen nun auf die **Schickhardstraße und folgen dieser links** den Berg hinauf. Rund 150 Meter weiter **überqueren wir die Schickhardstraße** an der Ampel neben der Bushaltestelle. Auf der rechten Straßenseite sind es nun nur noch ein paar Meter, bis wir zu **unserer Rechten die Staffel hinunter zur Adlerstraße** nehmen.

10. Ecke Adler- und Mörikestraße

Das Heslacher Stadtbad, hier rechts neben uns, kommt äußerlich eher unscheinbar daher, beeindruckt im Innern jedoch umso mehr. Es wurde im Stil der Neuen Sachlichkeit erbaut und 1929 eingeweiht. Das gewölbte und mit Lichtbändern versehene Dach der Schwimmhalle wird von neun Stahlbetonbögen getragen und war seinerzeit eine einmalige Konstruktion. Bei seiner Fertigstellung war das Heslacher Bad das größte Hallenbad Deutschlands. Für die damaligen Verhältnisse war es geradezu luxuriös. So gab es ein 50-Meter-Schwimmbecken und ein römisches Dampfbad. Das Becken war jedoch der Länge nach in der Mitte geteilt, um Damen und Herren beim Planschen voneinander zu trennen.

Wenige Schritte weiter die Adlerstraße bergab, biegen wir nach **links in die Arminstraße** ein, die uns bis zur **Hohenstaufenstraße führt. Dort biegen wir nun nach rechts** und gelangen so bergab zurück zum Marienplatz, wo unser Rundgang durch den Stuttgarter Süden nun endet.

11. Marienplatz

Der Marienplatz trägt seinen Namen zu Ehren von Prinzessin Marie, der ersten Gattin des künftigen Königs Wilhelm II. Er ist nach dem Schlossplatz der zweitgrößte Platz im Stuttgarter Talkessel und war daher schon immer sehr belebt. Am westlichen Teil des Platzes – im Bereich vor dem Ibis Hotel – stand ab den 1890er-Jahren sogar ein fest installierter Zirkus, der bis zu 3.500 Zuschauer fassen konnte. In den Nachkriegsjahren verwilderte der Marienplatz immer mehr. Daher wurde er Anfang dieses Jahrhunderts „entrümpelt", also gänzlich umgestaltet, und konnte 2003 neu eingeweiht werden.

Hier lohnt sich ein Besuch!

① Markuskirche

Die im Jugendstil erbaute Markuskirche war 1908 eines der ersten in Stahlbeton ausgeführten Gotteshäuser und ist somit bedeutend für die Baugeschichte des 20. Jahrhunderts. Der Jugendstil ist vor allem durch eine Anzahl an Ornamenten erkennbar. Jedoch bediente sich der Architekt der verschiedensten Baustile, wie Spätbarock, romanischen Elementen oder Renaissance.

Römerstraße 41

② Tübinger Straße

Sie ist das Bindeglied zwischen der Stuttgarter City und dem Bezirkszentrum im Süden. Hier haben sich zahlreiche Cafés, Bars und Restaurants angesiedelt. Zudem findet man in dieser Gegend eine Vielzahl an Altbauten. Diese reihen sich bis in die Innenstadt hinein aneinander.

③ St. Maria

Die Kirche St. Maria war der erste katholische Kirchenbau nach der Reformation in Stuttgart. Sie wurde im Stil einer gotischen Kathedrale erbaut und 1879 geweiht.

Tübinger Straße 36

Gastro-Tipp

Ⓘ L. A. Signorina
(italienische Küche)

Marienplatz 12

Ⓘ misch misch coffee

Tübinger Straße 95
facebook.com/mischmisch.de

Ⓘ Sattlerei
Bar, Café

Tübinger Straße 68
sattlerei.co

Daten von OpenStreetMap · Veröffentlicht unter ODbL

So reisen Sie weiter

Unter dem Marienplatz befindet sich die gleichnamige Stadtbahnhaltestelle und direkt auf dem Platz die Zahnradbahn. Am Rande des Platzes halten zudem Busse.

Daten von OpenStreetMap · Veröffentlicht unter ODbL

DER OSTEN

Rein in die Innenstadtbezirke

Stuttgart-Ost ist im Grunde ein zweigeteilter Innenstadtbezirk. Es gibt ein „Oben" und ein „Unten". Oben, das sind die Gänsheide und die Uhlandshöhe auf den Hügeln mit ihren gut betuchten Einwohnern. Unten, in Ostheim, Gaisburg oder Berg, lebt die weniger wohlhabende Bevölkerung. Eine Situation, die seit rund 130 Jahren gleichbleibend ist. Denn in dem im Tal liegenden Teil des Ostens entstanden ab der Industrialisierung zahllose Arbeitersiedlungen. Einfache Reihenhaussiedlungen und einheitliche Gebäudekomplexe dominieren dort das Stadtbild. Prächtige Gebäudefassaden sieht man daher hier seltener als beispielsweise in den Bezirken Süd oder West. Doch genau diese Tatsache, dass jede Arbeitersiedlung – die in den unterschiedlichsten Jahrzehnten entstanden – ihren ganz eigenen Stil und Charakter hat, ist ein Alleinstellungsmerkmal des Stuttgarter Ostens. Entlang der Hügel, vorbei an schicken Villen werden wir auf anderen Touren gehen. Daher wird uns dieser Spaziergang durch den „unteren" Teil des Bezirks führen. Von Siedlung zu Siedlung und damit durch die Geschichte der Arbeiterklasse bis hin zu den Gärten der Monarchen, die in starkem Kontrast zum einfachen Leben in Stuttgart-Ost stehen.

 ca. 3,6 km

 ca. 60 Minuten

 Haupteingang Bergfriedhof Ecke Hack-/Ostendstraße

Haltestelle Bergfriedhof

1. Vor dem Eingangstor des Bergfriedhofs

Den Spaziergang durch den Bezirk Stuttgart-Ost beginnen wir vor dem Eingangstor zum Bergfriedhof. Der Gottesacker ist jedoch bereits mehrmals im Bezirk umgezogen. Der erste Friedhof mit diesem Namen befand sich auf einem Hügel im Hof der Berger Kirche. Da dort nur wenig Platz vorhanden war, verlegte man den Gottesacker 1825 einige Hundert Meter weiter den Hügel hinauf. Hier wurden unter anderem der Gründer des Mineralbades Berg – Friedrich Neuner –, die Familie Leuze und der Maschinenfabrikant Gotthilf Kuhn beigesetzt. Doch bereits 20 Jahre später beschloss Kronprinz Karl, genau dort seinen Wohnsitz – die Villa Berg samt Gartenanlage – errichten zu lassen. Das Gräberfeld musste daher 1884 abermals verlegt werden und erreichte somit den heutigen Standort hier an der Hackstraße.

 Vor dem Eingangstor des Friedhofs gehen wir nach **rechts, den schmalen Weg** entlang der Friedhofsmauer. Wir treffen auf eine **Sporthalle, vor der wir links abbiegen** und so den Vorplatz der Ostheim-Schule überqueren. Diesen verlassen wir an der Landhausstraße.

Im ersten Stock des Hauses Landhausstraße 122 wurde 1928 Manfred Rommel geboren. Am Gebäude ist dazu eine Hinweistafel angebracht. Rommel war von 1974 bis 1996 Oberbürgermeister von Stuttgart und starb 2013. Seit 1996 ist er Ehrenbürger der Stadt.

Wenige Schritte weiter treffen wir nun **links auf den Lukasplatz**.

2. Lukasplatz

Der Lukasplatz liegt am Rande der ehemaligen Arbeitersiedlung Ostheim, für deren Einwohner die namensgebende Lukaskirche erbaut wurde. Für das Gotteshaus musste der Bergfriedhof einen Teil seiner Erweiterungsfläche abge- 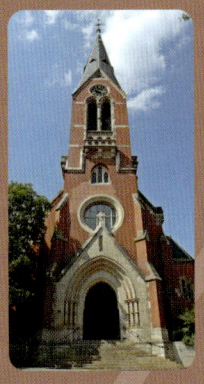 ben. Die Lukaskirche wurde 1899 im Beisein des württembergischen Königspaares eingeweiht.

Vor der Kirche stehend wenden wir uns nach **links und gehen die Rotenbergstraße entlang**, bis wir **links in die Schwarenbergstraße** einbiegen. Wenige Schritte weiter biegen wir abermals nach **links in die Neuffenstraße** ein, der wir folgen, bis sie die Rechbergstraße kreuzt.

3. Julie-Pfeiffer-Platz

Als Stuttgart rasch zu einer Industriemetropole heranwuchs, entstand am Reißbrett die Kolonie Ostheim – eine Arbeitersiedlung, die hier, außerhalb des Stuttgarter Talkessels, entstehen sollte. Nach zwölfjähriger Bauzeit war die Siedlung 1903 fertiggestellt. Es entstanden 383 Häuser mit 1.267 Wohnungen, die sich die einfachen Arbeiter leisten konnten. Trotz einheitlicher Planung sollten die Häuschen auch Individualität ausstrahlen. So verwendete man beim Bau verschiedenfarbige Backsteine und gestaltete die Dächer, Türm-

chen und Erker ganz unterschiedlich. Zudem sollte jedes Häuschen einen eigenen kleinen Garten erhalten.

Wir **folgen der Neuffenstraße** noch 150 Meter weiter und treffen dann auf den Eduard-Pfeiffer-Platz.

4. Eduard-Pfeiffer-Platz

Der Eduard-Pfeiffer-Platz ist das Herz von Ostheim. Benannt wurde er nach einem sehr sozialen Bankier, der zudem Vorstandsmitglied des Vereins für das Wohl der arbeitenden Klassen war. Dieser Verein war auch Initiator für den Bau dieser Arbeitersiedlung. Der Jünglingsbrunnen – am Rande des Platzes – wurde aus Muschelkalk gefertigt und 1913 als Zeichen des endgültigen Abschlusses der Bauarbeiten in Ostheim eingeweiht.

Von der Neuffenstraße kommend, folgen wir nun der **Landhausstraße zu unserer Rechten**, bis wir auf den Kreisverkehr am Ostendplatz treffen. Über die Zebrastreifen zu unserer Linken **überqueren wir zunächst die Ostendstraße, dann die Haußmannstraße** und setzen – auf der anderen Straßenseite angekommen – unseren **Weg in der Landhausstraße** fort.

5. Ecke Landhaus- und Julienstraße

Das Leo-Vetter-Bad zu unserer Rechten befindet sich seit 1909 an dieser Stelle und ist damit das älteste noch existierende Hallenbad der Stadt. Bei seiner Eröffnung trug es den Namen Schwimmbad Ostheim. Im Zweiten Weltkrieg gänzlich zerstört, wurde es bis 1962 in zeitgenössischem Stil wieder aufgebaut. Seinen heute noch gebräuchlichen Namen erhielt das Bad zu Ehren von Leo Vetter, der 1886 die Stuttgarter Badegesellschaft gründete. Seinem Engagement verdankte die Stadt die Eröffnung zahlreicher Badebetriebe, die Stuttgart in den 1930er-Jahren sogar deutschlandweit die höchsten Besucherzahlen aller Badeanstalten bescherte.

Nun biegen wir **links in die Julienstraße** ein und durchqueren den Torbogen des großen Häuserkomplexes Ostenau. Wir gehen am Luisenplatz **nach links in die Luisenstraße**. Nur wenige Schritte weiter biegen **rechts in die Lehmgrubenstraße**, die uns zur **Abelsbergstraße führt, in die wir links einbiegen**. Nach etwa 200 Metern treffen wir auf die **Hackstraße, die wir am Zebrastreifen überqueren**, und folgen weiter geradeaus der Abelsbergstraße.

6. Ecke Abelsbergstraße und Heidlesäcker

7. Ecke Sick- und Teckstraße

Wir haben nun eine weitere Arbeitersiedlung erreicht. Die Raitelsberg-Siedlung wurde Ende der 1920er-Jahre am Rande des Parks der Villa Berg auf einem Areal von rund 3,8 Hektar errichtet. 208 kleine, einfache Wohnungen entstanden hier in

mehreren länglichen Gebäuderiegeln. An den sonst recht schlichten Fassaden der Wohnhäuser fallen vor allem die zahlreichen Figuren auf, die typisch für das Viertel sind.

Zu unserer Linken befindet sich der Kulturpark Berg. Mehrere rote Backsteinbauten sind hier um ein parkähnliches Gelände angesiedelt, das frei zugänglich ist. Die Gebäude wurden Anfang des 20. Jahrhunderts erbaut und dienten als Militärlazarett. Die großen Haupthäuser des ehemaligen Krankenhauses werden heute von der Merz-Akademie – einer Hochschule für Gestaltung, Kunst und Medien – und dem Haus des Dokumentarfilms genutzt. In den kleineren Pavillonbauten wurden ursprünglich Patienten mit ansteckenden Krankheiten untergebracht. Ein Restaurant, eine Galerie und ein Architekturbüro ergänzen heute die denkmalgeschützte

Anlage. Dem Lazarett gegenüber an der Teckstraße befand sich ab 1895 die Bergkaserne. An ihrer Stelle ist dort nun das Hauptzollamt zu finden.

👣 Am Ende der Abelsbergstraße angekommen, biegen wir **links in die Sickstraße** ein, bis diese auf die Teckstraße trifft.

👣 Weiter geht es die **Sickstraße geradeaus.** Nach rund 200 Metern treffen wir auf die Ostendstraße zu unserer Linken. Sie führt direkt auf den Zugang zum **Park der Villa Berg zu, in den wir nun rechts einbiegen**. Nur wenige Schritte weiter biegen wir nach **links in einen von Rosenbüschen gesäumten Weg** ein.

8. Park der Villa Berg Rosengarten

Der ehemals private Garten des Kronprinzen Karl und seiner Gattin Olga wurde bereits Mitte des 19. Jahrhunderts mit dem Bau der Villa Berg in seinem Zentrum angelegt. Ein besonders beliebter Bereich im Park ist der Rosengarten, hier am Westhang, mit den schönen Pergolen des Belvedere am Ende des Wegs. Am Rand des Parks sehen wir zu unserer Linken den runden Turm der Heilandskirche. Sie wurde den Bürgern von Herzogin Wera – der Adoptivtochter Königin Olgas – gestiftet und 1913 eingeweiht.

Wir folgen dem geschwungenen Weg vorbei an Rosenbüschen und Streuobstbäumen, bis zu unserer Rechten das Belvedere mit der ihm vorgelagerten roten Klinkerpergola und zu unserer Linken der Turmbau des Südwestrundfunks (SWR) auftauchen.

9. Park der Villa Berg Belvedere

1951 richtete der Süddeutsche Rundfunk – der heutige SWR – im Park der Villa Berg seinen ersten Sendesaal ein. 25 Jahre später entstand am Rand des Parks jener große Komplex, den wir links von uns sehen. Architekt des Gebäudeensembles war Rolf Gutbrod, der hierfür unter anderem ein 18-stöckiges Hochhaus entwarf. Bei seiner Einweihung galt das Funkhaus als das modernste Europas. An der

Fassade des Hochhauses sehen wir ein großes farbenfrohes Wandbild. Es stammt vom Stuttgarter Künstler Otto Herbert Hajek, der auch das Mineralbad LEUZE gestaltete.

Etwas weiter führt uns der Weg zu einer **Weggabelung, wo wir rechts den Berg hinauf** gehen. Nach circa 120 Metern immer bergauf **biegen wir links in einen weiteren Weg** ein, der uns vorbei an einem Ausflugslokal mitten ins Grüne führt. Wenige Schritte weiter führt uns eine **Holzbrücke zu unserer Linken** zum Japan-Garten.

10. Japan-Garten

Gleich nachdem wir die Brücke hinter uns gelassen haben, sehen wir linker Hand den kleinen Japan-Garten. Er wurde – wie 22 weitere Nationengärten – 1993 zur Internationalen Gartenbauausstellung (IGA) im Rosensteinpark angelegt. Da der englische Landschaftspark jedoch ein geschütztes Kulturdenkmal ist, mussten alle Gärten nach der IGA wieder abgebaut werden. Lediglich zwei Nationengärten verblieben in der Stadt, wurden jedoch an andere Orte verlegt. Der bekannte Chinesische Garten zog auf den Kriegsberg um, und der kleinere Japan-Garten fand 1994 hier am Rande der Grünanlage, die den Unteren Schlossgarten mit dem Park der Villa Berg verbindet, eine neue Heimat.

Wir folgen dem Weg **weiter bergab und halten uns dabei rechts**. So gelangen wir entlang der Stadtbahntrasse bis zur Haltestelle *Mineralbäder*. Wenn wir an dem **Bahnübergang die Gleise überqueren**, gelangen wir so direkt in den Unteren Schlossgarten. Hier kann der Spaziergang im Grünen weiter fortgesetzt werden. Unsere eigentliche Tour durch Stuttgart-Ost endet jedoch hier.

11. Unterer Schlossgarten

Hier, im Örtchen Berg, ist das Mineralwasservorkommen im Erdreich besonders hoch. Daher gibt es mit dem LEUZE und dem Bad-Berg auch zwei Mineralbäder in direkter Nachbarschaft. Vom angrenzenden Unteren Schlossgarten gelangt man, immer im Park spazierend, bis ins drei Kilometer entfernte Stadtzentrum oder bis hinauf zum Killesberg. Dieses sogenannte Grüne U ist mit einer Länge von mehr als acht Kilometern auf einem rund 270 Hektar großen Areal eine der größten Parkanlagen Europas.

Hier lohnt sich ein Besuch!

① Am Mühlkanal

Der Name des verwinkelten Sträßchens erinnert an die Geschichte des Stadtteils Berg. Direkt am Neckar gelegen, gab es hier einige Mühlen am Wasser. Der Weg führt vorbei an der Berger Kirche zum Park der Villa Berg.

② Schloss Rosenstein/Rosensteinpark

Der Park wurde zeitgleich mit dem Bau des Sommersitzes von König Wilhelm I. ab 1824 angelegt. Schloss und Park taufte der Monarch auf den Namen Rosenstein. Das Gebäude beherbergt heute die zoologische Sammlung des Naturkundemuseums.

③ Seilerwasen/Stadtstrand

Der Seilerwasen, am Ufer des Neckars, lädt zum Spazieren ein. Von hier aus kann man einen weiteren Spaziergang entlang des Flusses in Richtung Max-Eyth-See starten. Urbanes Flair versprüht der Stadtstrand auf dem Seilerwasen. Hier wird man mit Essen und Trinken versorgt, sodass man sich anschließend in einem Liegestuhl zurücklehnen kann.

Bei Schönestraße 25

Gastro-Tipp

❶ Flora & Fauna
Biergarten, Café, Bar

Am Schwanenplatz 10
floraundfauna-stuttgart.de

❷ Thai Thaani Restaurant

Neckarstraße 246
thai-thaani.de

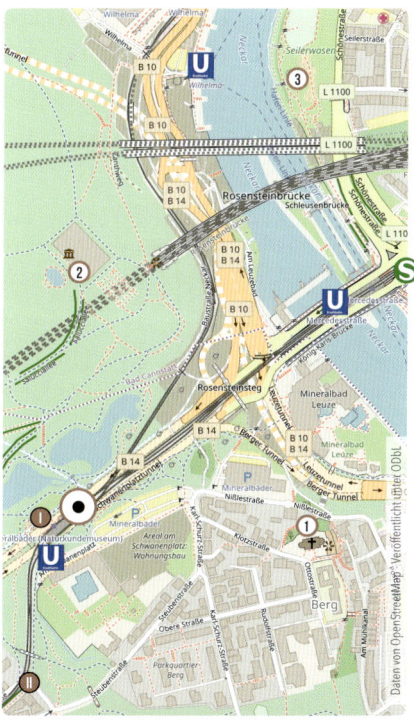

So reisen Sie weiter

Die Stadtbahnhaltestelle Mineralbäder befindet sich direkt an unserem Endpunkt, wo drei Bahnlinien uns in Richtung Innenstadt bringen.

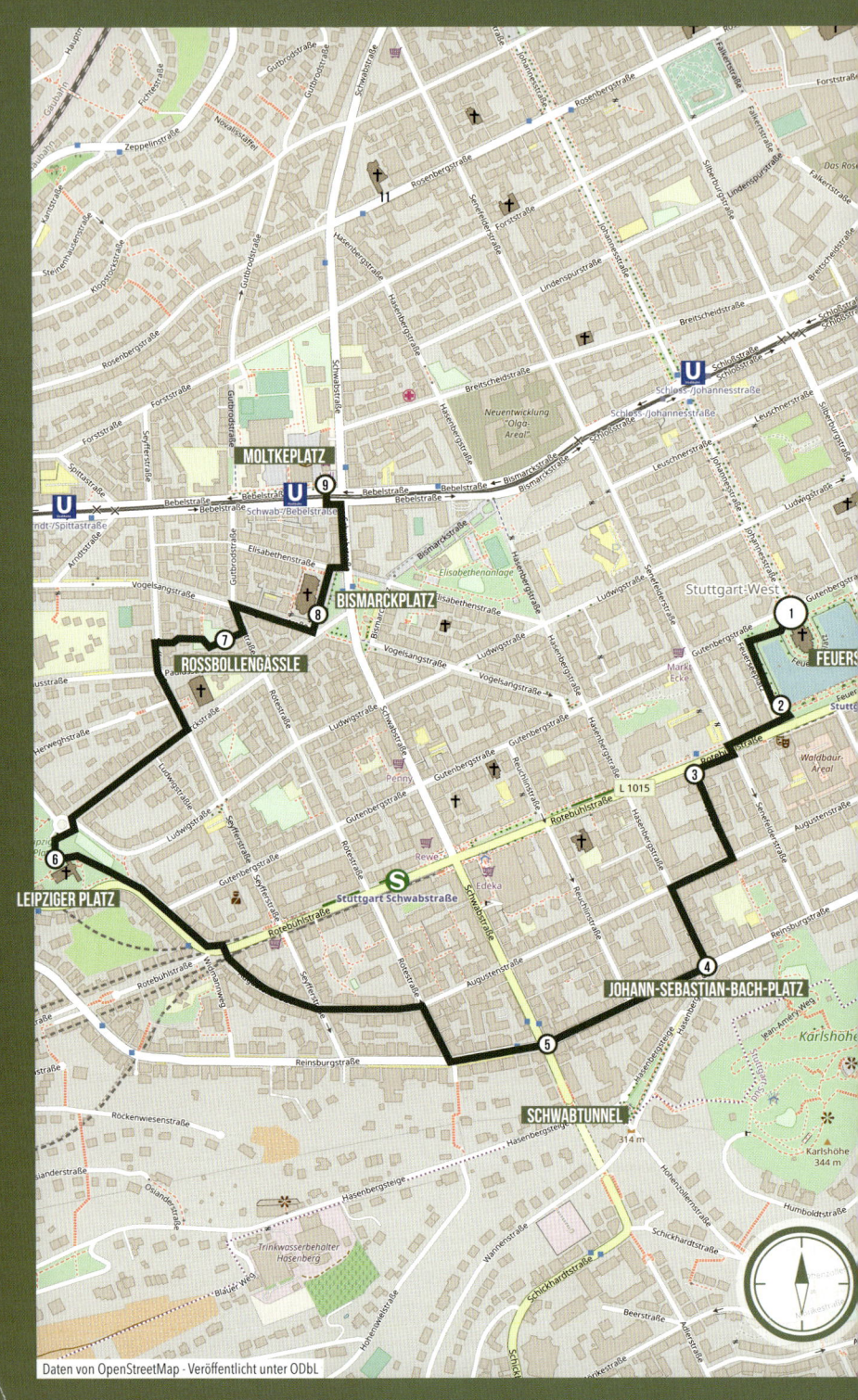

DER WESTEN

Rein in die Innenstadtbezirke

Schnurgerade und schachbrettartig angeordnet ziehen sich lange Straßenzüge durch den Bezirk Stuttgart-West. Dies unterscheidet den „Westen" von allen anderen Bezirken der Stadt. Der Grund für dieses klar strukturierte Straßennetz ist seine Entstehungsgeschichte. Noch bis Mitte des 19. Jahrhunderts dominierten Ackerflächen und Streuobstwiesen das Bild westlich des Stadtzentrums. Mit der einsetzenden Industrialisierung war für diese Flächen zunächst die Ansiedlung von Fabriken vorgesehen. Denn vor den Toren der Stadt würden diese keinen stören. Die westliche Stadterweiterung wurde so Mitte des 19. Jahrhunderts auf dem Reißbrett geplant. Anders als die enge, verwinkelte Innenstadt sollte es hier von vornherein breite und geradlinige Straßen geben.

Doch der Mangel an Wohnraum führte schneller als gedacht dazu, dass die Fabrikgebäude bereits Ende desselben Jahrhunderts von Wohnhäusern umzingelt waren. Noch heute ist der „Westen" vor allem eines – ein riesiges Wohngebiet. Denn gemeinsam mit Hamburg-Haburg und Berlin-Kreuzberg gilt Stuttgart-West als das am dichtesten besiedelte Wohngebiet Deutschlands. Haus an Haus heißt jedoch auch: wenige Freiflächen und noch weniger Grünanlagen im Bezirk. Doch muss man auch hier nicht gänzlich auf die Natur verzichten. Ausgedehnte Waldgebiete und grüne Hügel – wie die Karlshöhe und der Birkenkopf – umgeben den dicht bebauten Bezirk. Unser Spaziergang führt uns nun mitten durch das dichte Häusermeer.

 ca. 2,6 km

 ca. 45 Minuten

 Ecke Johannes-/Gutenbergstraße
Haltestelle Feuersee

1. Ecke Gutenberg- und Johannesstraße

Vor dem Eingangsportal der Johanneskirche beginnt unser Streifzug durch den Innenstadtbezirk Stuttgart-West. Als dieser ab Mitte des 19. Jahrhunderts sehr schnell besiedelt wurde, machte dies auch den ersten evangelischen Kirchenbau seit dem Mittelalter nötig, welcher hier, auf einer Halbinsel im Feuersee, entstehen sollte. Nach zwölfjähriger Bauzeit konnte die äußerlich neugotische Johanneskirche 1876 eingeweiht werden. Das erste hier getaufte Kind trug auch gleich den passenden Namen: Johannes. Der Kirchturm verlor im Zweiten

Weltkrieg seine Spitze und wurde, aus Gründen der Statik und Kosten, nicht wieder aufgebaut. Zudem sollte der gestutzte Turm ein Mahnmal gegen den Krieg sein.

👣 Vor dem Kirchturm stehend gehen wir nun nach rechts, um wenig später am **Feuerseeplatz nach links einzubiegen** und entlang des Sees geradeaus zu spazieren. Vor der Rotebühlstraße schauen wir uns noch einmal um.

2. Ecke Feuerseeplatz und Rotebühlstraße

Der Feuersee wurde bereits 1701 angelegt und hatte damals noch eine dreieckige Form. Er diente jedoch nicht wie heute der Naherholung, sondern als Löschwasserteich zum Schutz der Stadt. Beim Bau der Johanneskirche wurde der See in seine heutige rechteckige Form gebracht. 2016 wurde das Südufer des Feuersees, gegenüber der Kirche, neu gestaltet und bietet nun unter alten Trauerweiden Sitzmöglichkeiten, die bis hinunter zum Wasser reichen. Im Feuersee lassen sich zahlreiche Wasserschildkröten beim Sonnen beobachten. Die Tiere kamen jedoch nicht auf natürlichem Weg hierher, sondern wurden im See ausgesetzt und vermehren sich nun eifrig. Aber auch Karpfen und Hechte findet man hier, da der See auch zur Fischaufzucht genutzt wird.

👣 An der **Rotebühlstraße biegen wir nun nach rechts**, erreichen kurz darauf die Senefelderstraße und wechseln hier an der Ampel **auf die gegenüberliegende Straßenseite der Rotebühlstraße**. Wir folgen dieser Straße noch ein paar Schritte weiter geradeaus, bis wir die Knospstraße erreichen.

3. Ecke Rotebühl- und Knospstraße

Die Knospstraße zu unserer Linken wurde ursprünglich als Privatstraße der Familie Knosp angelegt. Deren Chemiefabrik befand sich ab Mitte des 19. Jahrhunderts links dieser Straße. Ihr gegenüber siedelte sich damals Gustav Siegle mit seiner Lackfabrik an. Der Konkurrenzdruck zwang die beiden Firmen zur Fusion. In den 1870er-Jahren taten sich die Stuttgarter mit einem weiteren Konzern zusammen. Das gemeinsame Unternehmen sollte unter dem Namen BASF zum größten Chemieunternehmen der Welt werden. Zu unserer Rechten sehen wir an der Rotebühlstraße eine schöne Villa aus rotem Backstein, in der der Unternehmer Rudolf Knosp wohnte.

👣 Wir gehen nun nach **links, die Knospstraße** hinauf und stoßen so auf die **Augustenstraße, in die wir rechts einbiegen.** Wenige Schritte weiter biegen wir nach **links in die Hasenbergstraße** ab. An der Reinsburgstraße angekommen, sehen wir einen schönen Brunnen.

4. Ecke Hasenberg- und Reinsburgstraße

Gegenüber sehen wir ein kleines, dreieckiges Plätzchen. Der Johann-Sebastian-Bach-Platz erhielt erst in den 1980er-Jahren seinen Namen. Benannt wurde er nach der Internationalen Bachakademie, die im selben Jahrzehnt gegründet wurde und hier in Haus Nummer 3 ansässig ist. Der den Platz dominierende Gänsepeterbrunnen wurde 1901 errichtet. Der junge Hirte über dem Wasserbecken, der gerade versucht, seine Gänse im Zaum zu halten, soll an jene Zeit erinnern, als zum Martinstag noch scharenweise Gänse aus den Dörfern im Umland zum Markt in der Stadt getrieben wurden.

👣 Wir folgen nun der **Reinsburgstraße nach rechts** für gut 250 Meter, wo wir schließlich auf die Schwabstraße treffen.

5. Ecke Reinsburg- und Schwabstraße

Wenn wir an der Straßenkreuzung nach links schauen, sehen wir das Portal des Schwabtunnels, der den Stuttgarter Westen mit dem Bezirk Süd verbindet.

Er wurde 1896 eingeweiht und war der erste Autotunnel der Welt. Das bedeutet schlicht und einfach: Hier ist zum ersten Mal überhaupt ein Automobil durch einen Straßentunnel gezuckelt. Der Schwabtunnel war bei seiner Einweihung mit 10,50 Metern zudem der breiteste Tunnel Europas.

An der Ampel **überqueren wir nun die Schwabstraße** und setzen unseren Weg entlang der Reinsburgstraße fort. An der **Rötestraße biegen wir nach rechts** und einige Meter weiter **links in die Augustenstraße** ein. Diese führt uns zur Kreuzung Rotebühl- und **Rotenwaldstraße, wo wir die breite Straße an der Ampel überqueren** und anschließend nach **links die Rotenwaldstraße** hinaufgehen. Wir treffen dann auf eine Grünfläche – den Leipziger Platz. **Ein schmaler Pfad zu unserer Rechten** führt uns in diese Parkanlage und direkt zu einem kleinen Kirchengebäude.

6. Leipziger Platz

Die kleine Kirche vor uns wurde 1948 als Notkirche für die Paulusgemeinde erbaut, da die Pauluskirche an der Bismarckstraße im Zweiten Weltkrieg zerstört wurde. Zum Bau der Notkirche wurden daher auch die Trümmer der Pauluskirche verwendet. Nachdem in den 1950er-Jahren ein großer Neubau für die Gemeinde – abermals an der Bismarckstraße – fertiggestellt wurde, war die Notkirche überflüssig geworden. Seit den 1990er-Jahren wird diese nun von der griechisch-orthodoxen Gemeinde „Himmelfahrt Christi" genutzt.

Vom Eingang der Kirche aus gesehen, führt **links ein Weg bergab**, der uns auf die **Bismarckstraße führt, in die wir rechts einbiegen**.

An der Ecke Bismarck- und Seyfferstraße sehen wir nun die zuvor erwähnte Pauluskirche. An selber Stelle stand bis zum Zweiten Weltkrieg das 1898 eingeweihte Gotteshaus im frühgotischen Stil.

Links, die Seyfferstraße hinauf, erreichen wir nach circa 100 Metern auf **der rechten Straßenseite das Rossbollengässle**. Der Zugang befindet sich zwischen den Hausnummern 64 und 66.

7. Rossbollengässle

Das Rossbollengässle führt uns durch einen Hinterhof, den zahlreiche, sich aneinander reihende Gründerzeitgebäude bilden. Man kann hier gut beobachten, wie sehr sich die schmucken Fassaden zur Straße hin von den einfachen rückseitigen Fassaden unterscheiden. Solch ein Hof verbirgt sich hinter vielen Häuserblocks in der Stadt. Bis 2012 wurde dieser Hinterhof zu einer öffentlichen Fläche umgestaltet. Seinen Namen verdankt die hindurchführende Gasse den Pferden, die hier früher einmal neben Schweinen und Hühnern zu finden waren. Denn bis zum Zweiten Weltkrieg stand auf der freien Fläche vor uns der letzte Bauernhof im Stuttgarter Talkessel.

👣 Beim Verlassen des Rossbollengässles treffen wir auf die **Rötestraße, in die wir links einbiegen**, um nach wenigen Metern nach **rechts in die Vogelsangstraße** abzubiegen.

> Die Vogelsangstraße ist nach dem Vogelsangbach benannt. Dieser entspringt am Birkenkopf und verläuft im Westen seit Anfang des 20. Jahrhunderts komplett unterirdisch. Im Oberen Schlossgarten geht dieser in den ebenfalls unterirdischen Nesenbachkanal über.

👣 Über die Vogelsangstraße gelangen wir nun zum Bismarckplatz.

8. Bismarckplatz

Der Platz, auf dem wir nun stehen, trägt den Namen des Reichskanzlers Otto von Bismarck und wurde in den 1880er-Jahren angelegt. Da hier keine klare Grundstruktur zu erkennen ist, wirkt der Platz unaufgeräumt. Aus diesem Grund soll er in naher Zukunft ein gänzlich neues Gesicht erhalten. Die Kirche hier am Bismarckplatz trägt den Namen St. Elisabeth. Sie war die vierte katholische Kirche Stuttgarts und wurde 1901 geweiht. St. Elisabeth hat die größte katholische Gemeinde der Stadt mit ca. 9.000 Mitgliedern. Ein wohlhabender Kaufmann stiftete den Kirchenbau nach dem Tod seiner erst elfjährigen Tochter Elisabeth. Das Gotteshaus sollte daher auch der heiligen Elisabeth geweiht werden.

👣 An der Kirche vorbei, gehen wir nun über den Bismarckplatz und biegen **links in die Schwabstraße** ein. Wir treffen kurz darauf auf die **Bebelstraße, die wir an der Ampel überqueren** und so den Moltkeplatz erreichen. Hier endet nun unser Spaziergang durch den westlichen Innenstadtbezirk.

9. Moltkeplatz

An der Bebelstraße befand sich ab 1886 eine riesige, burgartige Infanteriekaserne. Diese Moltke-Kaserne beherbergte zunächst die Soldaten der königlichen Armee. Nach der Monarchie zog die Polizei ein und 1937 die Wehrmacht. Im Zweiten Weltkrieg wurde die Kaserne kaum beschädigt, und so zeigten die US-Armee und die Bundeswehr Interesse an dem Bauwerk. Um nicht abermals Soldaten mitten in der Stadt zu haben, beschloss der Gemeinderat den Abriss der Kaserne. 1966 war das alte Militärgebäude Geschichte. Sein heutiges Gesicht trägt das Areal an der Bebelstraße – mit Bürgerbüro, Bürgersaal und Stadtteilbibliothek – nun seit 2005.

Gastro-Tipp

Ⅰ Die Metzgerei
Café, Bar, Restaurant

Elisabethenstraße 30
facebook.com/metzgereistuttgart

Ⅱ Lumen
Café, Restaurant

Schwabstraße 65
lumen-stuttgart.com

Daten von OpenStreetMap. Veröffentlicht unter ODbL

So reisen Sie weiter

Am Moltkeplatz befinden sich die Stadtbahnhaltestelle Schwab-/Bebelstraße und die gleichnamige Bushaltestelle.

UNNÜTZES STUTTGARTWISSEN
GO WESCHT TOUR

Unser Tipp: GO WESCHT – Die Entdeckungstour von UNNÜTZES STUTTGARTWISSEN
Informationen und Termine unter Stuttgart-Entdeckungstouren.de

RAUF AUF DEN BERG

Auf keine andere deutsche Großstadt lässt sich so einfach herabblicken wie auf Stuttgart – in diesem Fall jedoch nur im positiven Sinn. Die Hügel, die die komplette Innenstadt umgeben, machen eine sensationelle Aussicht von vielen Punkten der Stadt möglich. Und sie sind es auch, die zu Stuttgarts Ruf als eine der außergewöhnlichsten Großstädte Deutschlands beigetragen haben. Täler und Berge machen die Topografie so vielfältig und abwechslungsreich. Wäre Stuttgart flach, dann wäre sie doch nur eine Stadt wie viele andere auch. Wer die Stadt wirklich kennenlernen, sie verstehen will, der muss hinauf auf die Hügel und sie von den zahlreichen Aussichtspunkten aus betrachten. Jede einzelne bietet dabei eine neue Perspektive, einen anderen Blickwinkel auf den Talkessel. Da viele Stadtbezirke sich ebenfalls auf Hügeln oder in weiteren Tälern befinden, gibt es außer dem Fernsehturm auch keinen Ort, von dem aus man das gesamte Stadtgebiet überschauen kann. Die folgenden Spaziergänge führen uns nun dorthin, wo wir zumindest den Kessel im Nesenbachtal immer fest im Blick haben – hinauf auf die Berge.

Die Stäffeles-Tour

Bubenbad - Sünderstaffel - Stafflenbergstraße - Dobelstraße
Danneckerplatz - Etzelstraße - Mozartplatz **S. 101**

Die Panorama-Tour

Bismarckturm - Relenberg - Kriegsbergturm - Chinesischer Garten -
Postdörfle - Pariser Platz - Hauptbahnhof **S. 109**

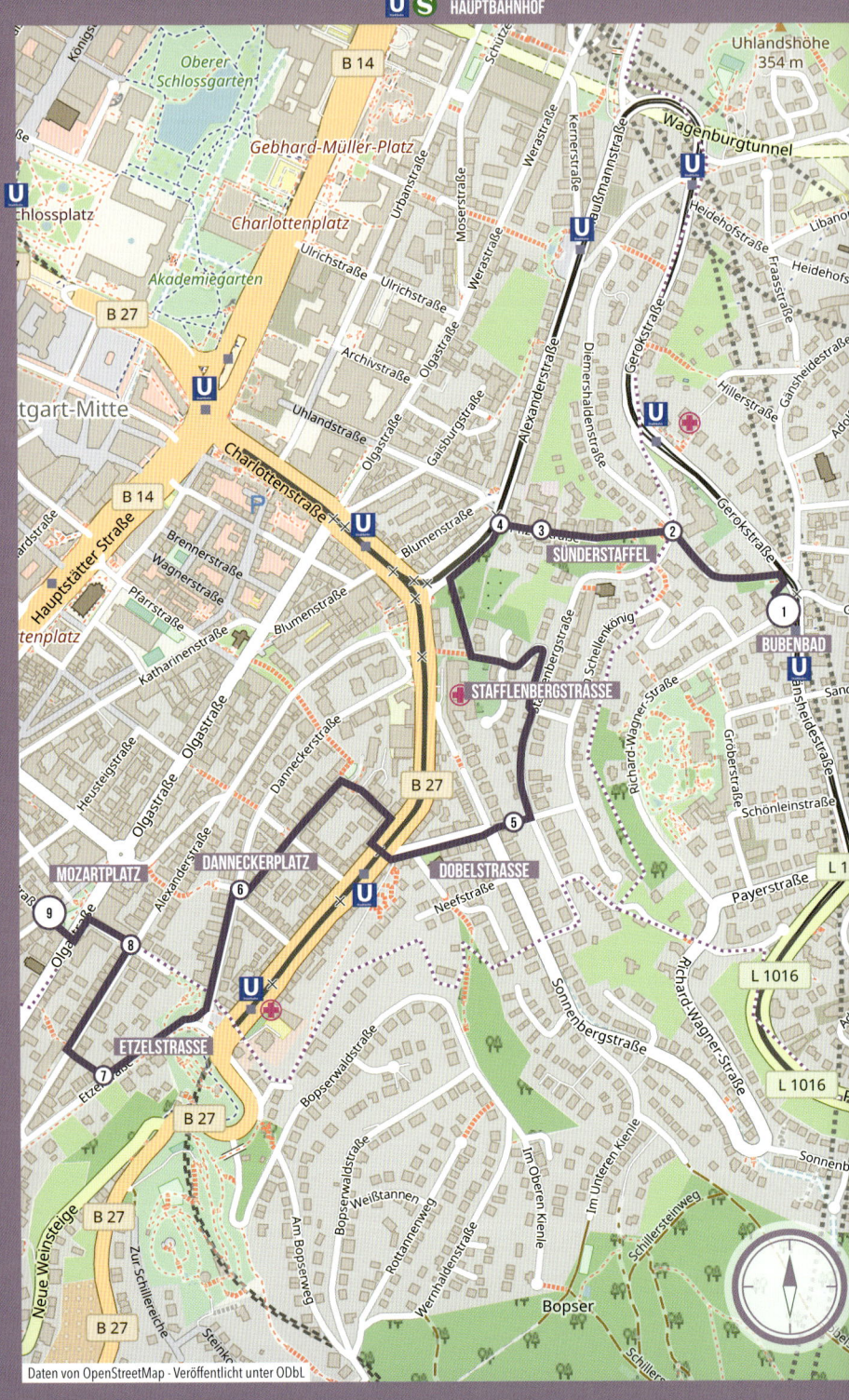

Daten von OpenStreetMap - Veröffentlicht unter ODbL

DIE STÄFFELES-TOUR

Rauf auf den Berg

Nirgendwo sonst in Deutschland findet man mehr Treppenanlagen als in Stuttgart. Offiziell heißen sie hier zwar Staffel, doch werden sie umgangssprachlich von den Einwohnern liebevoll als „Stäffele" bezeichnet. Über 400 von ihnen soll es in der Stadt geben. Gefühlt sind es jedoch weitaus mehr, denn kleinere Treppen, die durch Wiesen und Wälder führen oder sich auf Privatgrundstücken befinden und zudem keinen Namen tragen, werden in dieser Statistik nicht erfasst. Unzählige Stufen ziehen sich zudem die Weinberge hinauf. Viele noch heute erhaltene Staffeln sind Überbleibsel aus jener Zeit, als der Weinbau das Stadtbild an den Hügeln dominierte. Sie entwickelten sich nach und nach zum regulären Straßennetz für Fußgänger, die sie gerne als bequeme Abkürzungen nutzen. Als „Straße" werden einige von ihnen tatsächlich offiziell geführt. Die Stäffele sind so typisch für Stuttgart wie der Fernsehturm. Daher werden wir auf dieser Tour einige von ihnen erkunden – schmale, breite, prächtige, schlichte, alte und neue.

 ca. 2,5 km

 ca. 50 Minuten

 Albrecht-Goes-Platz
Haltestelle Bubenbad

1. Albrecht-Goes-Platz

Die erste Staffel auf unserer Tour führt uns vom Albrecht-Goes-Platz bergab. Den Stuttgartern ist das Areal auf der Gänsheide jedoch besser unter dem Namen Bubenbad bekannt. Dieser bezieht sich auf einen kleinen See, der sich hier einst befand und in dem die Buben badeten. Als im Jahr 1900 jedoch ein Junge im See ertrank, wurde dieser zugeschüttet. Auf dem

Platz steht seit 1912 der Salamanderbrunnen. Der Salamander verschwand jedoch in den Wirren des Zweiten Weltkriegs, und so erhielt der Brunnen 1966 einen neuen Lurch.

Wir steigen nun **rechts die Georg-Elser-Staffel hinunter**, die in die Diemershaldenstraße übergeht und schließlich auf die Stafflenbergstraße trifft. An dieser T-Kreuzung schließt sich nun die Sünderstaffel an.

2. Sünderstaffel

Die Sünderstaffel ist eine der bekanntesten Treppenanlagen der Stadt, was auch an ihrem Namen liegen mag, und an der Geschichte, die man sich zum Stäffele erzählt. 1339 soll zwischen den beiden Adligen Hans Bernhard Rugger und Rudolf Werner von Weißenburg wegen eines Mädchens ein Streit ausgebrochen sein. Rugger soll schließlich seinen Nebenbuhler erstochen haben, woraufhin er zum Tode verurteilt wurde. Der Mörder soll um eine Hinrichtung bei der Staffel gebeten haben, da sein Vater dort die ersten Weinreben gepflanzt hatte.

Die Bitte wurde Rugger gewährt, und so wurde er an der Weinbergtreppe enthauptet.

Wenn wir die **Sünderstaffel nun hinuntersteigen**, geht diese in die Pfizerstraße über. Dort sehen wir nach wenigen Metern zu unserer Rechten ein Verlagshaus.

3. Pfizerstraße 5–7

Hier hat der Franckh-Kosmos Verlag seinen Hauptsitz. Bekannt ist dieser unter anderem für seine Brettspiele wie Die Siedler von Catan, seine Experimentier-kästen oder die Ge-schichten um die Drei ???, die hier erscheinen. 1822 wurde der Verlag von den Gebrüdern Franckh ge-gründet und war zunächst auf Belletristik ausgerichtet und nahm sich vor allem jun-gen und noch unbekannten schwäbischen Autoren wie Wilhelm Hauff und Eduard Mörike an. Einen eigenen KOSMOS-Laden betreibt der Verlag nur wenige Meter weiter in der Alexanderstraße.

 Die Pfizerstraße trifft hier auf die steile Alexanderstraße.

4. Ecke Pfizer- und Alexanderstraße

Der Abschnitt der Stadtbahnroute, rechts den Berg hinauf, gilt als die steilste nor-malspurige Schienenstrecke Europas. Ohne die Hilfe von Zahnrädern oder Seilen schleppen sich die Stadtbahnen seit 2007 die Alexanderstraße hinauf – und dies bei einer Steigung von bis zu 8,5 %. Damit hat die Linie U15 sogar der Schweizer Uetliberg-bahn den Rang als steilste Bahnstrecke abgelaufen. Wegen der recht speziellen Topografie Stuttgarts sind die Stadtbahnen mit ganz besonders leistungsfähigen An-trieben ausgestattet.

Wir schwenken nun **links in die Alexan-derstraße ein** und gehen den sehr schmalen Gehweg circa 100 Meter entlang. Am Hang **zu unserer Linken führt dann ein Stäffele hinauf**. Die Staffel ist Teil der Mohlstraße, **knickt nach 120 Metern nach links ab** und führt weiter bergauf. Am Ende der Treppenanlage folgen wir der **Mohlstraße links weiter** hinauf, bis sie auf die **Stafflenbergstraße trifft, in die wir nach rechts** einbiegen. Dieser folgen wir nun, bis wir **zu unserer Rechten die Dobelstaffel** erreichen.

5. Dobelstaffel

Die Dobelstaffel erhielt ihren Namen von dem Tal zu unserer Linken – der Dobelklinge. Durch sie fließt auch der Dobelbach – heute jedoch unterirdisch – und mündet beim Charlottenplatz in den Nesenbachkanal.

Nachdem wir die Dobelstaffel hinuntergegangen sind, folgen wir der sich ihr anschließenden **Dobelstraße hinunter**, bis wir auf die **Hohenheimer Straße treffen. Diese überqueren wir an der Ampel** zu unserer Linken und gehen auf der gegenüberliegenden Straßenseite die **Hohenheimer Straße rechts** bergab. Nach wenigen Metern biegen wir **links in die Nagelstraße** ein, wo wir die Staffel hinaufsteigen. Oben angekommen, biegen wir nach **links in die Stitzenburgstraße** ein, die uns zum Danneckerplatz führt.

6. Danneckerplatz

Der kleine, dreieckige Platz, auf dem wir nun stehen, ist nach dem Hofbildhauer Johann Heinrich Dannecker benannt. Er studierte ab 1771 an der Hohen Karlsschule hinter dem Neuen Schloss, wo er später auch als Professor lehrte. Bekannte Werke Danneckers sind beispielsweise Ariadne auf dem Panther, deren erste Version aus Ton in der Staatsgalerie steht, die Nymphengruppe, deren Kopie vor dem Schloss Rosenstein zu finden ist, und die vier Evangelisten in der Grabkapelle auf dem Württemberg. Um 1835 begann Danneckers geistige Umnachtung, wobei er auch eigene Werke wie die bekannte Schillerbüste verstümmelte.

Weiter geht es nun **links die Danneckerstraße** entlang, bis sie an der **Etzelstraße endet, in die wir rechts einbiegen**. Nach wenigen Metern bergab erreichen wir rechts den Oskar-Schindler-Weg.

7. Oskar-Schindler-Weg

8. Ecke Alexander– und Bopserstraße

Schräg gegenüber dem oberen Ende des Oskar-Schindler-Wegs befindet sich an der Etzelstraße 27 eine alte Villa von 1890. In dieser fand Anfang der 1970er-Jahre Stuttgarts erste und bisher längste Hausbesetzung statt, da der Altbau zugunsten eines Hotelneubaus weichen sollte. Der Abriss konnte verhindert werden, und das Kinderhaus Etzel zog ein. Das weitläufige Areal rund um die Villa bietet den Kindern unter anderem eine Malwerkstatt, einen Bauerngarten und eine Jugendfarm mit Schweinen, Ziegen und Hasen.

Erst 2009 wurde mit der Benennung des Oskar-Schindler-Wegs jener Mann geehrt, der im Zweiten Weltkrieg 1.200 vor allem jüdische Menschen vor dem sicheren Tod bewahrte.

Wir gehen nun das Stäffele hinunter und gelangen über den Oskar-Schindler-Weg auf die **Alexanderstraße, in die wir rechts einschwenken**. Nach circa 180 Metern erreichen wir die Bopserstraße.

Die Bopserstraße und der Bopserweg folgen dem Verlauf des ältesten Wegs durch den Stuttgarter Talkessel. Vor über 2.500 Jahren hatten die Kelten diese Verbindung zwischen Hohenasperg und Hohenneuffen angelegt. Durch Stuttgart führte der Weg von Feuerbach kommend den Killesberg hinunter in den sumpfigen Talkessel und hier vorbei, den Berg Bopser wieder hinauf auf die Filderebene. Auch die Römer nutzten diese Route später. Aus diesem Grund fand man fast 2.000 Jahre später Überreste römischer Gutshöfe am Fuße des Bopserbergs.

Die Staffel **zu unserer Linken – die Bopserstraße – gehen wir nun bergab** und treffen so auf die Olgastraße. An der Ampel **links überqueren wir die Olgastraße** und gehen auf der anderen Straßenseite **geradeaus die Stufen hinunter** zum Mozartplatz. Hier im Heusteigviertel beenden wir unsere Stäffeles-Tour.

9. Mozartplatz

Das Heusteigviertel, in dem wir uns nun befinden, wurde erst im 19. Jahrhundert großflächig bebaut. Sein Name bezieht sich jedoch nicht auf das Heu, sondern auf die ausgedehnten Waldflächen, die sich hier einmal am Fuß des Bopsers und vor den Toren der Stadt ausdehnten. Das Holz, das hier gehauen wurde, bezeichnete man als „Heue". Dem „in die Heue steigen" – also „dort hinaufsteigen, wo Holz gehauen wird" – verdankt das Viertel seinen Namen.

Hier lohnt sich ein Besuch!

① Leonhardsviertel/Bohnenviertel

Das Leonhards- und das Bohnenviertel erstrecken sich zwischen Wilhelmsplatz und Charlottenplatz. Sie gehören zu den wenigen gut erhaltenen Altstadtviertel in der Stuttgarter City. Das Leonhardsviertel besteht noch heute aus zahlreichen jahrhundertealten Häusern und schmalen Gassen. Das Bohnenviertel lädt mit seinen Weinlokalen, Cafés und kleinen Boutiquen besonders zum Flanieren ein.

② St. Catherine's Church

Die kleine Kirche wurde zu Beginn des 19. Jahrhunderts für die englischsprachigen Gäste Stuttgarts und des benachbarten Kurorts Cannstatt erbaut. Noch heute finden hier Predigten der Anglikanischen Gemeinde und der Old Catholic Congregation statt.

Lorenzstaffel 8

③ Schellenturm

Er ist das letzte Türmchen der ehemaligen Stadtbefestigung, die die Innenstadt jahrhundertelang zu ihrem Schutz einfasste. In dem kleinen Turm wurden früher Vorräte für die ärmere Bevölkerung gelagert. Den Namen Schellenturm erhielt er nach dem Abriss eines benachbarten Gefängnisturms, der bis dahin diesen Namen trug. Heute ist dort ein schwäbisches Lokal ansässig.

Weberstraße 72

④ Hans-im-Glück-Brunnen

Das Quartier rund um den Hans-im-Glück-Brunnen ist eines der wenigen gut erhaltenen Altstadtviertel im Stadtzentrum. In diesem Viertel haben sich zahlreiche Bars, Cafés und Restaurants angesiedelt.

Geißstraße 13

⑤ Hegel-Haus

Im Geburtshaus von Georg Wilhelm Friedrich Hegel wird in einem kleinen Museum die Lebensgeschichte des Philosophen erzählt.

Eberhardstraße 53
www.stadtpalais-stuttgart.de/hegel-haus

Gastro-Tipp

Ⅰ Noodle 1 Dining
vietnamesische Küche

Wilhelmsplatz 1
noodle1.de

Ⅱ Weinhalle 1896
Restaurant (schwäbische und deutsche Küche)

Wilhelmsplatz 6
weinhalle1896.de

Ⅲ Zimt & Zucker
Café

Weissenburgstraße 2c
https://zimtundzuckerstuttgart.business.site

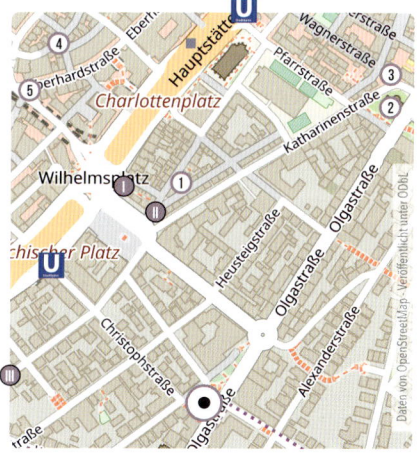

So reisen Sie weiter

In der Christophstraße 250 Meter bergab befindet sich der

Zugang zur Stadtbahnhaltestelle Österreichischer Platz. Die gleichnamigen Bushaltestellen befinden sich ebenfalls an der Hauptstätter Straße.

Die Stadtbahnhaltestelle Rathaus ist über die Wilhelm- und Hauptstätter Straße nach 450 Metern Fußweg zu erreichen.

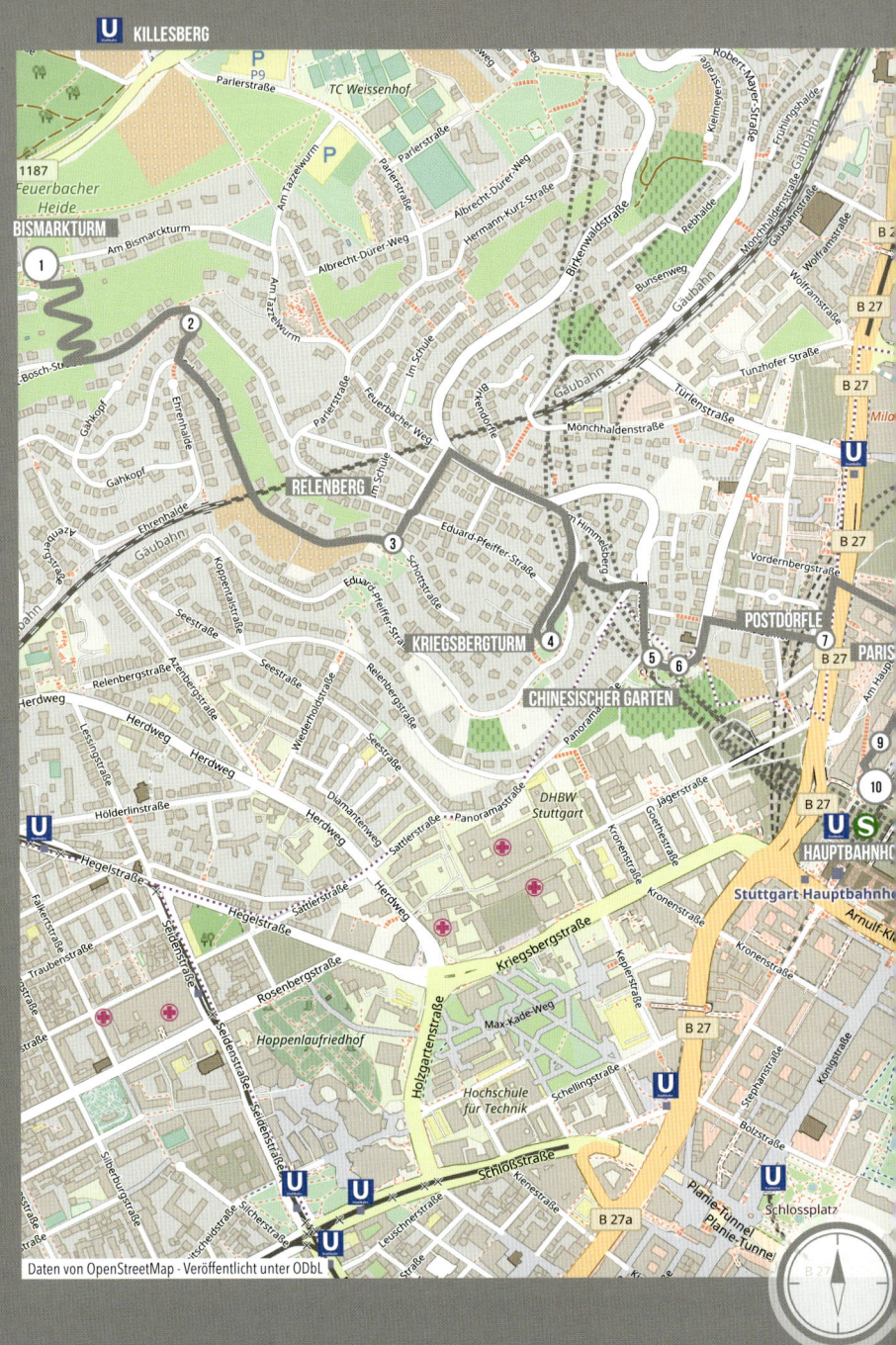

DIE PANORAMA-TOUR

Rauf auf den Berg

Für viele ist Stuttgart eher eine herbe Schönheit. Eine Liebe auf den zweiten, ja vielleicht erst auf den dritten Blick. Doch wer den Trubel im Talkessel einmal hinter sich gelassen hat und zur Karlshöhe, zum Teehaus, zum Eugensplatz oder zum Santiago-de-Chile-Platz hinaufgestiegen ist, der sieht schnell, was an Stuttgart liebenswert ist.

Von hier oben kann der Betrachter seinen Blick nicht nur über das Häusermeer im Tal schweifen lassen, sondern auch über die Hügel und Berge, die das Stadtbild Stuttgarts so unverwechselbar prägen. An ihren Hängen sieht er Wälder, Weinreben, Serpentinen und prächtige Villen. Unter den Bewunderern befanden sich schon immer viele Poeten, die Stuttgarts Lage im Tal zu Gedichten inspirierten. So schrieb beispielsweise Karl Friedrich von Gerok einst:

> „Da liegst du nun im Sonnenglanz,
> Schön wie ich je dich sah,
> In deiner Berge grünem Kranz,
> Mein Stuttgart, wieder da.
> Liegst da, vom Abendgold umflammt,
> Im Tale hingeschmiegt,
> Gleichwie gefasst in grünem Samt,
> Ein güldnes Kleinod liegt!"

Die Aussicht auf die Stadt werden wir auf unserem Spaziergang nun ebenfalls aus verschiedenen Blickwinkeln genießen.

 ca. 3,5 km

 ca. 60 Minuten

 Am Bismarkturm
Haltestelle Am Bismarkturm
Haltestelle Feuerbacher Weg
Haltestelle Killesberg (ca. 1,3 km)

DIE PANORAMA-TOUR
Rauf auf den Berg

1. Bismarckturm

2. Ehrenhaldenstaffel

Der Bismarckturm – als beliebter Aussichtspunkt der Stuttgarter – ist ein geeigneter Startpunkt für unsere Höhentour. Von hier aus kann man den Blick vom Charlottenplatz in östlicher Richtung über die Stuttgarter Altstadt bis tief in den Bezirk Stuttgart-West hinein schweifen lassen. Der 20 Meter hohe Bismarckturm wurde 1904 als Feuersäule eingeweiht, und so war dort, wo sich heute die Aussichtsplattform befindet, zunächst eine quadratische Feuerschale angebracht. Ein Gemisch aus Teer und Petroleum wurde regelmäßig zum Geburts- und Todestag des Reichskanzlers Otto von Bismarcks sowie zum Reichsgründungstag am 18. Januar entzündet. Die Aussichtsplattform des Turms ist am Wochenende geöffnet.

Der Berg, den wir soeben hinuntersteigen, trägt den Namen Gähkopf. Jener Punkt, an dem der Bismarckturm steht, ist mit 409 Metern über Normalnull der höchste im Bezirk Stuttgart-Nord. Die Ehrenhalde ist seit dem 14. Jahrhundert bekannt, damals jedoch noch unter dem Namen „Herrenhalde". An dem Hang, an dem wir uns gerade befinden, wurde lange Zeit Weinbau betrieben. Die Weingüter waren im Besitz des Klosters Kaisheim, nahe Augsburg.

👣 Der Serpentinenweg am Fuß des Bismarckturms führt uns **hinunter zur Robert-Bosch-Straße, in die wir nach links einbiegen**. Nach circa 250 Metern erreichen wir die **Ehrenhaldenstaffel auf der rechten Seite.**

👣 Wir **steigen die Staffel hinab** und treffen nun auf die **Schottstraße, der wir nach links** abbiegend circa einen halben Kilometer folgen.

3. Ecke Schott- und Helfferichstraße

4. Kriegsbergturm

Die Aussichtsplattform am Ende der Helfferichstraße bietet uns einen weiteren Blick auf den Stuttgarter Westen, jedoch aus einer anderen Perspektive. Der Berg gegenüber – auf dessen Gipfel ein einzelner markanter Baum und ein Kreuz zu sehen sind – ist der Birkenkopf, der Trümmerberg der Stadt.

Wir gehen nun die kurze **Helfferichstraße entlang**. Diese endet an der **Birkenwaldstraße, in die wir rechts einbiegen**. An der Dreiwegegabelung nehmen wir die **rechte Straße Am Kriegsbergturm**, die uns, leicht bergauf, zu einer Grünfläche führt, auf der das namensgebende Aussichtstürmchen steht.

Den Kriegsbergturm ließ der Stuttgarter Verschönerungsverein im Jahr 1895 erbauen. Das Aussichtstürmchen ist heute jedoch nur noch an ausgewählten Sonntagen zugänglich. An der Eduard-Pfeiffer-Straße, unterhalb des Turms, bietet sich jedoch zu jeder Jahreszeit ein spannender Blick auf die City und bis in das Neckartal hinein.

Nun gehen wir **den Weg, auf dem wir gekommen sind, wieder zurück** bis zum Haus **Am Kriegsbergturm 46, wo rechts ein Weg** in eine Grünfläche hinein und dort bergab führt. Der Weg geht in eine Staffel über, die uns zunächst auf die Wilhelm-Hertz-Straße, die wir überqueren, und uns anschließend weitere Treppenstufen zurück auf die **Birkenwaldstraße führt. In diese biegen wir rechts ein** und folgen ihr bis zur Panoramastraße, wo wir auf den Chinesischen Garten treffen.

5. Chinesischer Garten

Der kleine, aber feine Chinesische Garten bietet nicht nur einen interessanten Blickwinkel auf die Stuttgarter Innenstadt von oben, sondern ist auch mit seinen schönen Bauwerken selbst ein Hingucker. Den Garten mit seiner Feierhalle und dem Pavillon im Zentrum gibt es bereits seit der Internationalen Gartenbauausstellung 1993. Zunächst befand er sich jedoch im Rosensteinpark, durfte dort aber aus Gründen des Denkmalschutzes nicht verbleiben. Er wurde daraufhin hier auf dem Kriegsberg, oberhalb eines Weinbergs, neu aufgebaut.

🐾 Wenn wir den Chinesischen Garten wieder verlassen und nach **rechts die Birkenwaldstraße entlang** gehen, sehen wir nach wenigen Schritten zu unserer Rechten hinter dem Zaun ein weißes Weinberghäuschen.

6. Gegenüber Birkenwaldstraße 54

Am Fuß des Kriegsbergs befindet sich die Jägerstraße. Dort ist die Industrie- und Handelskammer (IHK) Stuttgart ansässig. Der  Weinberg, der sich von dort bis hier hinauf erstreckt, samt dem weißen Weinberghäuschen vor uns, ist im Besitz der Kammer. Im Gewölbe unter dem Häusle lädt die IHK seit Jahrzehnten wichtige Persönlichkeiten – wie den US-Botschafter, den Oberbürgermeister der Stadt und die Bundestagsabgeordneten aus dem Wahlbezirk – zu Gesprächen ein. Hier oben sollen beispielsweise so wichtige Dinge wie die Gründung des Verwaltungsgebiets Region Stuttgart und das Bahnprojekt Stuttgart 21 auf den Weg gebracht worden sein.

🐾 Weiter führt uns unser Weg die **Birkenwaldstraße bergab**, bis wir nach etwa 150 Metern **rechts ein Stäffele hinabsteigen, dass in die Straße Im Kaisemer übergeht**, welche uns hinunter zur Heilbronner Straße führt.

7. Ecke Im Kaisemer und Heilbronner Straße

8. Pariser Platz

Die Wohnsiedlung links von uns, an der wir gerade vorbeigegangen sind, ist das sogenannte Postdörfle und war Stuttgarts erste Arbeitersiedlung. Erbaut wurde es für Post- und Bahnangestellten sowie deren Familien. Für die rund 1.000 Einwohner standen verschiedene Gemeinschaftseinrichtungen wie eine Kantine, eine Kinderkrippe, ein Konsumladen sowie eine Bade- und Waschanstalt zur Verfügung. Von der historischen Bebauung überstanden nur die beiden Gebäude direkt an der Heilbronner Straße den Zweiten Weltkrieg.

Die denkmalgeschützten Fassaden dieser Bade- und Waschanstalt wurden später in einen Hotelkomplex integriert.

👣 Nun biegen wir **links in die Heilbronner Straße** ein und überqueren diese an der Ampel bei der Vordernbergstraße. Am **LBBW-Hochhaus angekommen, gehen wir rechts vorbei die Warschauer Straße** hinunter.

Anstelle des Europaviertels, das wir nun erreicht haben, befand sich ab den 1920er-Jahren der zentrale Güterbahnhof als Teil des Stuttgarter Hauptbahnhofs. Als der Güterbahnhof in den 1980er-Jahren schließlich aufgegeben wurde, lag das große Areal rund zwei Jahrzehnte lang brach. 1998 wurden allen hier geplanten Straßen Namen europäischer Großstädte verliehen. Doch erst 2004 entstanden die ersten Bürogebäude, und die ersten Straßen sowie der Pariser Platz, auf dem wir uns nun befinden, wurden angelegt. Nach der Tieferlegung des Hauptbahnhofs und der Beseitigung der oberirdischen Bahngleise soll der Stadtteil in Richtung Schlossgarten weiter wachsen.

👣 Den **Pariser Platz verlassen wir nun nach rechts** und unterqueren dabei das große Flugdach, das sich zwischen zwei Gebäuden über die Straße spannt. Wir folgen jedoch nicht der Straße Am Hauptbahnhof, sondern nehmen **links die Karoline-Kaulla-Passage, die uns durch drei Innenhöfe des riesigen Bankgebäudes** führt. Bevor wir den Bürokomplex wieder verlassen, halten wir an der auffälligen Rampe noch einmal an.

9. Im Innenhof der LBBW
   An der Rampe

10. Kurt-Georg-
   Kiesinger-Platz

Der leicht ansteigende Steg ist nicht nur eine Verbindung zwischen zwei Ebenen, er ist auch ein Kunstwerk. Bei Bridge/Rampe 1994 arbeitete der Künstler mit einer optischen Täuschung. Das untere Tor ist überdimensioniert, und so wirkt das obere, normal große Tor winzig. Zudem liegt es immer im Schatten. Auch das stählerne Fachwerk der Brücke sieht weit nützlicher aus, als es tatsächlich ist. Getragen wird der Steg nämlich lediglich durch Stützen unter ihm.

Weiter geradeaus verlassen wir den dritten und letzten Innenhof der Landesbank Baden-Württemberg und gelangen so auf den Kurt-Georg-Kiesinger-Platz, wo unser Spaziergang, wieder unten im Talkessel, endet.

Der Platz – der noch einige Jahre eine Baustelle im Rahmen des Bahnprojekts Stuttgart 21 sein wird – wurde nach dem dritten Kanzler der Bundesrepublik Deutschland benannt. Die lang gestreckte Bahnsteighalle des Hauptbahnhofs fällt hier besonders ins Auge, ebenso wie der sich ihr links anschließende Turm. Das gesamte Bauwerk konnte 1922 nach rund achtjähriger Bauzeit fertiggestellt werden. Um den Wiederaufbau des Bahnhofs nach dem Zweiten Weltkrieg finanzieren zu können, gestattete man der Firma Daimler-Benz 1952 – gegen eine angemessene Geldsumme –, auf dem Dach des Turms einen markanten Mercedes-Stern installieren zu lassen. Für den aktuellen Umbau zum Tiefbahnhof wurden beide Seitenflügel des Bauwerks abgerissen.

Hier lohnt sich ein Besuch!

① Stadtbibliothek

In starkem Kontrast zur nüchternen Fassade der
2011 eingeweihten Stadtbibliothek steht die In-
nenarchitektur. Den 14 Meter hohen und 14 Meter
breiten Raum im Zentrum des Gebäudes – das Herz
– konzipierte der Architekt Eun Young Yi als einen
Raum der Stille. Sein Pendant ist der direkt darüber
liegende große Galeriesaal, in Form einer umgekehrten Pyramide.

Mailänder Platz 1

② Bahnhofsturm

Das Dach des Bahnhofsturms ist frei zugänglich und
bietet eine großartige Aussicht auf die gesamte
Innenstadt.

Arnulf-Klett-Platz 2

Gastro-Tipp

① Restaurant Weissenhof
(schwäbische und österreichische Küche)

Heilbronner Straße 21
restaurantweissenhof.de

② Joe Pena's
Restaurant (mexikanische Küche)

Kriegsbergstraße 15
joe-penas-stuttgart.com

③ Biergarten im Schloßgarten

biergarten-schlossgarten.de

So reisen Sie weiter

Direkt an den Kurt-Georg-Kiesinger-Platz grenzt der Stuttgarter Hauptbahnhof, den mehrere Stadtbahnlinien, Busli-
nien und S-Bahn-Linien anfahren.

AB
INS GRÜNE

Denkt man an Stuttgart – eine Stadt, die zu den wichtigsten Standorten der Automobilindustrie weltweit zählt –, dann erscheint vor dem inneren Auge wohl eher das Bild zahlloser Fabrikbauten und eines Talkessels voll schlechter Luft, doch tatsächlich ist die Stadt umringt von Wäldern und Weinbergen. Genau aus diesem Grund ist es immer wieder eine große Überraschung für Stuttgart-Besucher, wie grün die Stadt tatsächlich ist. Fast 30 Prozent des Stadtgebiets bestehen aus Grünflächen. Parks gehen in Wälder, Wälder in Weinberge und Gärten über. Tatsächlich ist es möglich, von der Innenstadt bis in die Randbezirke zu spazieren, ohne auch nur ein einziges Mal die Parkanlagen verlassen zu müssen. Mit diesem Grünen U besitzt Stuttgart eine der größten Parkanlagen Europas. Zu einigen dieser Grünanlagen führten uns bereits Touren, die in diesem Buch beschrieben werden. Auf den folgenden beiden Spaziergängen werden wir jedoch am Rande des Talkessels noch etwas tiefer in die Natur eintauchen. Dabei erleben wir zwei besonders stadtbildprägende Facetten der grünen Landeshauptstadt – ihre Wälder und Weinberge. Mit über 5.000 Hektar Fläche ist nämlich rund ein Viertel des Stuttgarter Stadtgebiets bewaldet, und in 16 von 23 Stadtbezirken wird Weinbau betrieben – selbst in der Innenstadt.

Der grüne Süden

Der grüne Westen

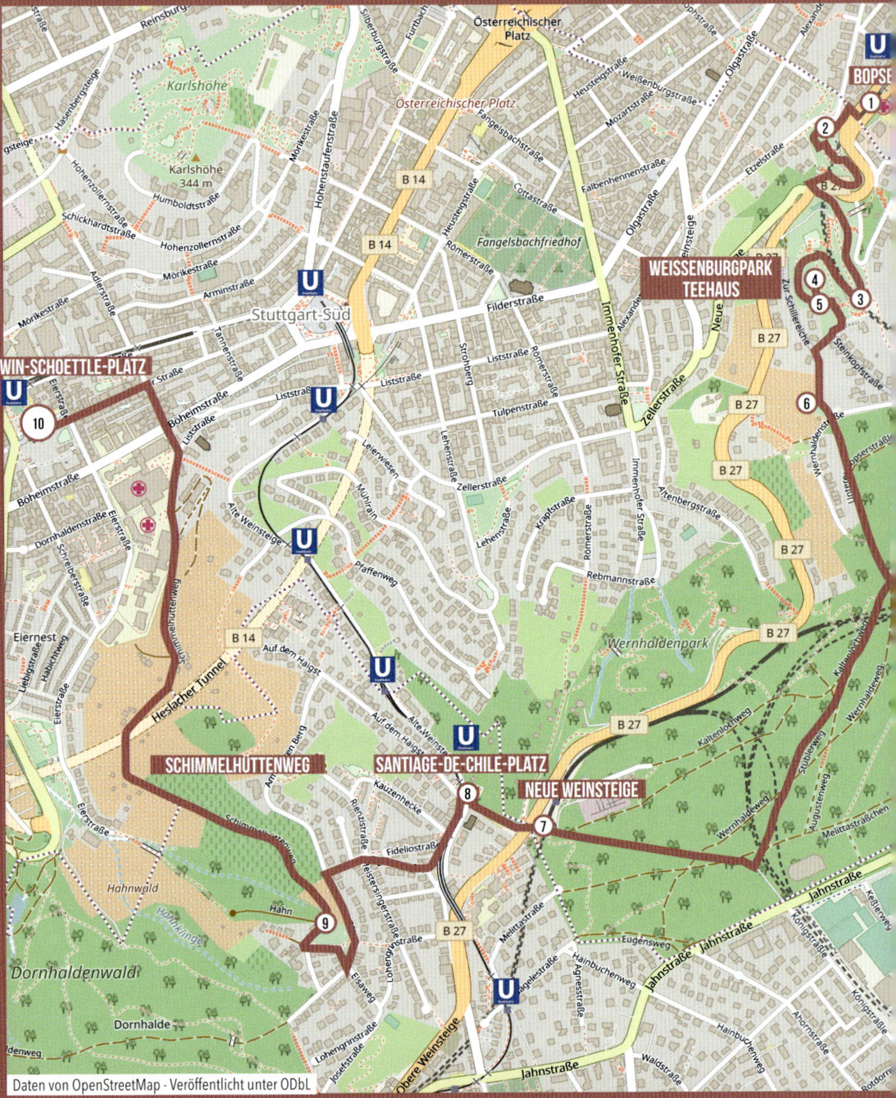

Karlshöhe

Karlshöhe
344 m

Humboldtstraße

Stuttgart-Süd

ERWIN-SCHOETTLE-PLATZ

10

Osterreichischer
Platz

Osterreichischer Platz

B 14

B 14

Fangelsbachfriedhof

Filderstraße

Liststraße

Tulpenstraße

Zellerstraße

Leerwiesen

Pfaffenweg

Alte Weinsteige

Auf dem Haigst

B 14

Heslacher Tunnel

SCHIMMELHÜTTENWEG

SANTIAGE-DE-CHILE-PLATZ

Auf dem Haigst

Kauzenhecke

Fideliostraße

8

7

NEUE WEINSTEIGE

Hahnwald

Hahn

9

Dornhaldenwald

Dornhalde

B 27

Obere Weinsteige

Jahnstraße

BOPSE

1

2

WEISSENBURGPARK
TEEHAUS

4

5

3

6

B 27

B 27

B 27

B 27

B 27

Wernhaldenpark

B 27

Jahnstraße

Daten von OpenStreetMap - Veröffentlicht unter ODbL

DER GRÜNE SÜDEN

Ab ins Grüne

Wie schnell man aus der Stadt in den Wald gelangt, werden wir auf diesem Spaziergang erleben. Doch der Forst ist nicht die einzige stadtbildprägende Grünfläche der Stadt. Die zahlreichen Weinberge sind ebenfalls typisch für Stuttgart. „Wenn man in Stuttgart nicht einsammelte den Wein, würde die Stadt bald in Wein ersäufet sein", so schrieb ein Chronist einst im Mittelalter. Im 16. und 17. Jahrhundert war die Stadt nach Wien und Würzburg sogar die drittgrößte Weinbaugemeinde im deutschsprachigen Raum. In besonders heißen Sommermonaten war im wasserarmen Stuttgart häufig mehr Wein als trinkbares Wasser vorhanden. Dann war der Rebensaft günstiger zu erwerben als Trinkwasser. An diesen Weinreichtum ist heute freilich nicht mehr zu denken, doch selbst im dicht bebauten Talkessel sind heute noch Weinberge zu finden. Auf unserem Weg hinaus aus dem Stuttgarter Süden werden wir durch beides wandeln – durch Wälder und Weinberge. Wir starten zunächst in einer Parkanlage, die uns eine herrliche Aussicht bietet – auch auf die „grünen" Seiten der Stadt.

 ca. 5,3 km

 ca. 90 Minuten

 Stadtbahnhaltestelle Bopser
Haltestelle Bopser

DER GRÜNE SÜDEN
Ab ins Grüne

1. Stadtbahnhaltestelle Bopser

2. Bopseranlage

Aus dem Trubel der Innenstadt hinaus ins Grüne starten wir bei der Stadtbahnhaltestelle Bopser. Der Name des Bahnhalts bezieht sich auf den Berg, an dessen Hang wir gerade stehen. Bopser setzt sich vermutlich aus den mittelhochdeutschen Wörtern „bobe" – das „oben" bedeutet – und „ser" zusammen, welches eine Steigerungsform ist. Somit bedeutet Bopser im Grunde schlicht und einfach: „sehr weit oben".

Die schöne Villa mit der Adresse Hohenheimer Straße 93 wurde im Auftrag des Champagnerfabrikanten Eduard Giesler 1892 fertiggestellt. Heute ist das Gebäude der Hauptsitz der Firma Olymp – einem Friseureinrichter.

Am **oberen Ausgang der Stadtbahnhaltestelle nehmen wir die Ampel rechts**, die uns hinüber zur Ecke Etzel- und Hohenheimer Straße führt. **Die Etzelstraße überqueren wir per Zebrastreifen** und gelangen so auf eine Grünanlage.

In der Grünanlage treffen wir zunächst auf das Denkmal für Friedrich List – einem schwäbischen Eisenbahnpionier und Mitbegründer des deutschen Zollvereins. Das auffälligste Bauwerk in der Bopseranlage ist ein Pavillon. Bereits 1840 wurde dort eine Überdachung zum Schutz eines Trinkwasserbrunnens errichtet. Der aktuelle Pavillon wurde erst in den 1990er-Jahren – jedoch nach historischen Vorgaben – errichtet. Den Brunnen selbst stellte man hier wegen der besonders guten Wasserqualität der nahen Bopserquelle auf. Auf diese war man bei Grabungsarbeiten auf der Suche nach Porzellanerde für die Porzellanmanufaktur in Ludwigsburg gestoßen.

Wir folgen nun dem **Fußgängerweg bergauf** durch die Bopseranlage und gelangen so zur **Hohenheimer Straße, die wir an der Ampel überqueren**. Auf der anderen Straßenseite angekommen, führt uns eine **Staffel hinauf** in eine weitere Grünanlage. Wir folgen dem Weg geradeaus, bis wir auf eine Terrasse stoßen, in deren Mitte eine Säule steht.

3. Marmorsaal

4. Teehaus

Wir stehen nun vor dem Marmorsaal, der in den Hang hinein gebaut wurde. Hier, im sogenannten Weißenburgpark, wurde 1844 eine herrschaftliche Villa erbaut, die Ende des 19. Jahrhunderts vom Stuttgarter Unternehmer Ernst von Sieglin erworben wurde. Dieser wollte den Garten seines Anwesens aufwerten und beauftragte einen Architekten mit der Planung dieses Festsaales. Der klassizistische Marmorsaal stand rund 20 Jahre leer und war dem Verfall überlassen, bis er in den 1990er-Jahren komplett restauriert wurde. Heute kann der Saal für Festlichkeiten jeder Art gemietet werden, und die Stuttgarter Saloniker geben hier häufig Konzerte. Auf dem Dach des Saals befand sich ursprünglich sogar ein Tennisplatz. Der schöne Holzzaun, der diesen einfasste, steht noch immer.

👣 **Vom Marmorsaal aus rechts folgen wir nun dem Weg**, der sich bergauf um die kegelförmige Erhebung herumwindet. So erreichen wir den Vorplatz des Teehauses.

Den Jugendstilpavillon vor uns – das Teehaus – wünschte sich die Gattin Sieglins, um auch im Garten den Tee mit ihren Freundinnen einnehmen und dabei auf den tiefer gelegenen Tennisplatz schauen zu können. Der Marmorsaal und der Pavillon – mit seinem schönen Deckengemälde – wurden 1913 fertiggestellt. Die Villa Sieglin, die hier rechts des Teehauses am Hang stand, ließ man bei der Neugestaltung des Weißenburgparks in den 1960er-Jahren abreißen.

👣 **Vom Teehaus aus links gesehen, steigen wir nun die Stufen hinauf** auf die Aussichtsplattform.

5. Aussichtsplattform im Weißenburgpark

Hier oben haben wir eine wunderbare Aussicht auf den Stuttgarter Süden zu unserer Linken und zu unserer Rechten auf die City und bis ins Neckartal hinein. Die Weißenburg, der der Park seinen Namen verdankt, ließen die Grafen von Württemberg im 13. Jahrhundert oberhalb des Teehauses erbauen. Doch bereits Anfang des 14. Jahrhunderts wurde diese im Reichskrieg wieder zerstört, und mehr als ihr Name hat die Zeit nicht überdauert.

Die Stufen wieder hinuntersteigend, biegen wir **vor dem Teehaus nun rechts in den steil ansteigenden Margarete-Hannsmann-Weg** ein. Dieser trifft dann auf die **Steinkopfstraße, in die wir rechts** einschwenken, um nach wenigen Schritten **links in die Straße Zur Schillereiche** abzubiegen. Eine Treppe mit niedrigen Stufen führt uns hinauf zu einem Aussichtspunkt.

6. Schillereiche

Am Ende der Treppe sehen wir zu unserer Rechten eine stattliche Eiche neben einer Aussichtsfläche. Dieser Baum wird als Schillereiche bezeichnet, da er 1865 zur Erinnerung an die erste Lesung des Dichters aus seinem Werk „Die Räuber" hier gepflanzt wurde. Denn die neugierigen Zuhörer sollen Friedrich Schiller damals hier, im nahen Wald auf dem Bopser, an den Lippen gehangen haben. Schiller schrieb sein Drama in Stuttgart jedoch heimlich. Das Schreiben war ihm nämlich untersagt worden, da er sich bei

seinem Studium an der Hohen Karlsschule auf das Aneignen medizinischen Wissens konzentrieren sollte.

Wir gehen geradeaus weiter und treffen nach wenigen Metern auf die **Wernhaldenstraße, die wir überqueren**. Dann gehen wir die kurze **Treppe vor uns hinauf**. Wir **folgen dem Schillerweg** durch den Wald bis zu einer **Weggabelung. Dort nehmen wir den zweiten Weg von rechts – den Wernhaldeweg**. Nach rund 700 Metern treffen wir auf das **Königsträßle, in das wir rechts einbiegen**. So erreichen wir das Tunnelportal der Stadtbahnhaltestelle *Weinsteige*.

7. Über dem Portal der Haltestelle „Weinsteige"

8. Santiago-de-Chile-Platz

Die Neue Weinsteige vor uns ist Teil der B 27 und schlängelt sich immer entlang des Hangs, vorbei an Weinbergen bis hinunter in die Innenstadt. Als die Alte Weinsteige das steigende Verkehrsaufkommen nicht mehr bewältigen konnte, wurde 1826 mit dem Bau einer zweiten, sanfter ansteigenden Verbindungsstraße hinauf auf die Filderebene begonnen. Der Bau der Straße am steilen Berghang galt als technische Meisterleistung. Nach fünfjähriger Bauzeit konnte die Neue Weinsteige eingeweiht werden. Von Anfang des 20. Jahrhunderts bis in die 1990er-Jahre wurde die Weinsteige zudem von der Straßenbahn befahren.

2006 wurde die bis dahin namenlose Aussichtsplattform auf dem Haigst auf den Namen Santiago-de-Chile-Platz getauft. Seinen Namen verdankt der kleine Platz, mit toller Aussicht auf den Talkessel, dem chilenischen Honorarkonsul Georg Kieferle. Dieser hat es wiederum ermöglicht, dass es auch in Chiles Hauptstadt ein Pendant gibt – die Plaza de Stuttgart. Über den Santiago-de-Chile-Platz wacht seither die steinerne Skulptur eines Moai. Die kleine Ausgabe der weltbekannten Statuen erinnert an die Zugehörigkeit der Osterinsel zu Chile.

👣 Eine Treppe führt uns nun hinunter zu einer Ampel, an der wir die **Neue Weinsteige überqueren**. Wir setzen unseren Weg nun auf der Straße **Auf dem Haigst direkt vor uns** fort. Nach wenigen Schritten öffnet sich zu unserer Rechten ein kleiner Aussichtspunkt.

> Der Name des Berges leitet sich von dem Wort „höchst" ab, das sich dann zu „Haigst" wandelte. Der Haigst war vor der Eingemeindung Degerlochs der höchste Punkt Stuttgarts.

👣 Um wieder zurück ins Grüne zu kommen, gehen wir nun vom Santiago-de-Chile-Platz **geradeaus die Alte Weinsteige – rechts der Gleise** – hinauf. Nach circa 150 Metern biegen wir **rechts in die Figarostraße** ein. An der Kreuzung gehen wir weiter geradeaus in Richtung **Parsifalstraße**. Links neben Haus **Nummer 1 führt uns ein schmaler Fußgängerweg** auf die **Leonorenstraße, in die wir links einschwenken**. Nach 200 Metern erreichen wir den **Elsaweg, in den wir nach rechts einbiegen** und den wir bergab gehen. Nach wenigen Schritten biegen wir abermals **rechts, dann in den Schimmelhüttenweg**, ein.

9. Schimmelhüttenweg

Geradezu versteckt verläuft der Schimmel-hüttenweg durch einen Weinberg von Degerloch hinunter in den Stuttgarter Süden. Links befindet sich der Degerlocher Wald, rechts sehen wir Weinreben am Hang des Berges Haigst. Dazwischen befinden sich zahlreiche Schreber-

gärten. Der meist ge-pflasterte, romantische Schimmelhüttenweg erhielt seinen Namen vermutlich von ei-nem einsamen Haus, das hier einst stand und im Volksmund „Schimmelhütte" genannt wurde. Dabei bezog man sich wahrscheinlich auf die gruselige Legende des Gespensterschim-mels.

👣 Rund 1,3 Kilometer schlängelt sich der Schimmelhüttenweg den Berg hinunter, bis er linker Hand in eine kurze Staffel übergeht und wir schließlich auf die **Böheimstraße treffen. Wir überqueren diese** an der Ampel und gehen **geradeaus die Adlerstraße** hinunter. Wenige Schritte weiter biegen wir **links in die Möhringer Straße** ein. **Rechts an der Matthäuskirche vorbei,** haben wir nun den Endpunkt unseres Spaziergangs auf dem Erwin-Schoettle-Platz erreicht.

10. Erwin-Schoettle-Platz

Benannt wurde der Platz, auf dem wir nun stehen, nach dem Politiker und Mitbe-gründer der Stuttgarter Nachrichten, Erwin Schoettle. In seiner heutigen Form prä-sentiert sich der Platz jedoch erst seit den 1990er-Jahren, als man in seinem Zentrum ein Schulhaus abreißen ließ und die Straßen, die die Matthäuskirche umrun-deten, gesperrt wurden. Der Erwin-Schoet-tle-Platz wurde so zum neuen Zentrum des Stadtteils Heslach, welcher zu König Karls 25-jährigem Kronjubiläum 1889 in „Karlsvorstadt" umbenannt wurde. Diesen Namen trug der Stadtteil bis 1935, als man ihn im Zuge der neuen politischen Gesin-nung wieder abschaffte.

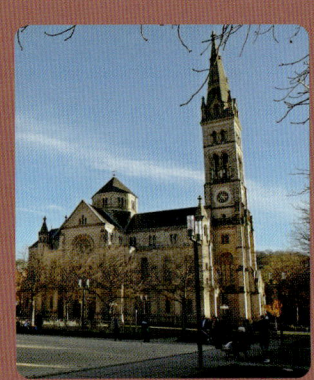

Hier lohnt sich ein Besuch!

① Tübinger Straße

Sie ist das Bindeglied zwischen der Stuttgarter City und dem Bezirkszentrum im Süden. Hier haben sich zahlreiche Cafés, Bars und Restaurants angesiedelt. Zudem findet man hier eine Vielzahl an Altbauten. Diese reihen sich bis in die Innenstadt hinein aneinander.

② Seilbahn

1929 nahm in Heslach die weltweit erste vollautomatische Standseilbahn den Betrieb auf. Die alten Wagen aus Mahagoni- und Teakholz pendeln täglich zwischen dem Südheimer Platz im Tal und dem Waldfriedhof im Degerlocher Wald. Er ist Stuttgarts größter Friedhof, der bereits 1913 angelegt wurde.

Böblinger Straße 237
(erreichbar mit den Linien U1 & U14
bis Haltestelle Südheimer Platz)

Gastro-Tipp

Ⓘ L. A. Signorina
Restuarant (italienische Küche)

Marienplatz 12

Ⓘ Café Schurr

Böblinger Straße 85
www.konditorei-schurr.de

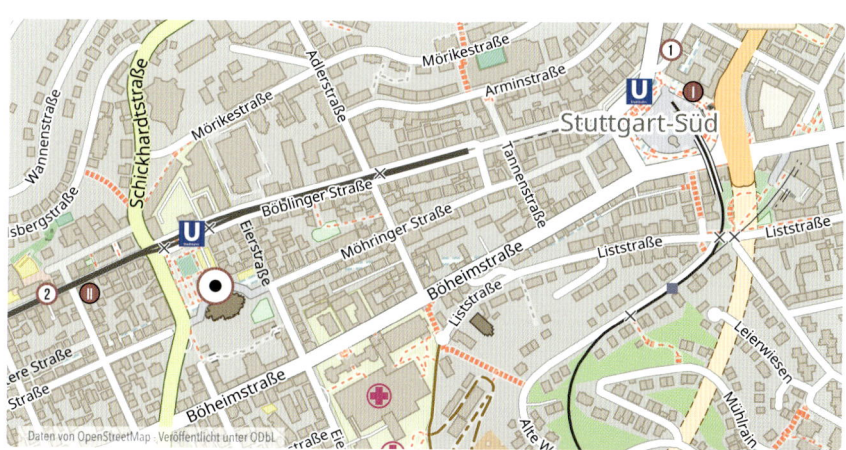

Daten von OpenStreetMap · Veröffentlicht unter ODbL

So reisen Sie weiter

Am Rand des Erwin-Schoettle-Platzes – an der Böblinger Straße – befindet sich die gleichnamige Stadtbahnhaltestelle. In der angrenzenden Schreiberstraße befindet sich zudem eine Bushaltestelle.

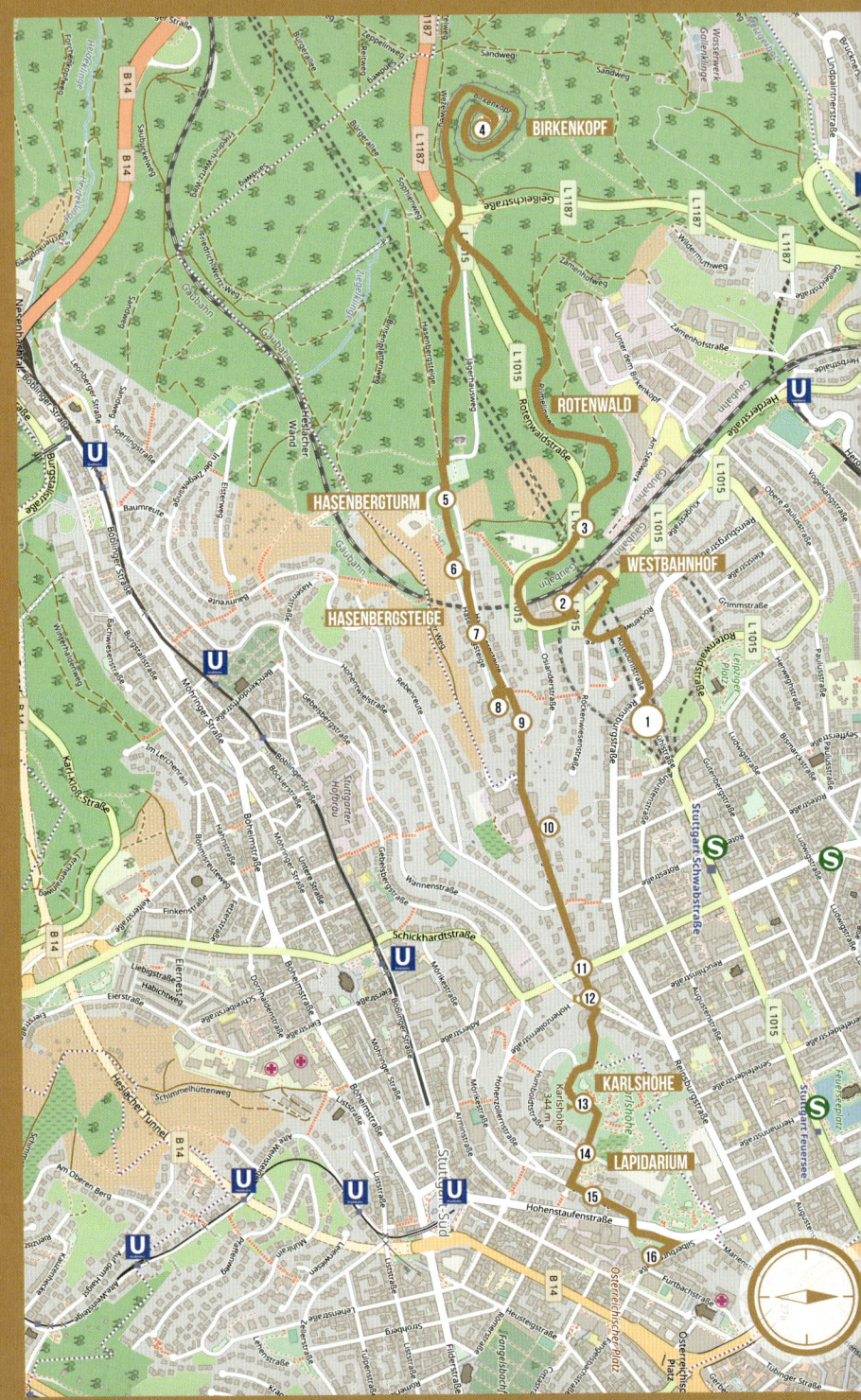

DER GRÜNE WESTEN

Ab ins Grüne

Von der Innenstadt kommend, steigt der dicht bebaute Stuttgarter Westen stetig leicht an. Irgendwann endet das Häusermeer abrupt. Nämlich dort, wo die Hänge steiler werden und der Bezirk in weite Waldflächen übergeht. Genau an dieser Schwelle beginnt unsere Tour – hinaus aus dem Kessel und hinauf ins Grüne. Der Stuttgarter Westen besteht zum größten Teil aus Waldfläche. Einige der beliebtesten Ausflugsziele der Städter befinden sich hier, wie Schloss Solitude oder die Parkseen und das Bärenschlössle. Auf unserem Spaziergang streifen wir jedoch lediglich den Rotenwald, da wir auch künstlich angelegte Grünflächen auf dem Hasenberg und der Karlshöhe besuchen werden. Diese Route wird uns zeigen, dass ein Ausflug ins Grüne alles andere als eintönig sein muss – es gibt vieles zu entdecken.

 ca. 7,1 km

 ca. 120 Minuten

 Staffel bei Rotebühlstraße 160
Haltestelle Schwabstraße

1. Staffel bei Rotebühlstraße 160

Unser Weg ins Grüne beginnt tief im Stuttgarter Westen, in der Rotebühlstraße. Aber was ist eigentlich ein „Rotebühl"? In der Innenstadt – unweit des Rotebühlplatzes –, wo die Paulinenstraße auf die Rotebühlstraße trifft, befand sich ab Mitte des 15. Jahrhunderts ein Stadttor. Dieses Tor wurde im Volksmund „Rotebildtor" genannt, da man vor ihm ein auffälliges, rot bemaltes Heiligenbild aufgestellt hatte. Die Bezeichnung „Rotebild" wandelte sich über die Jahrhunderte zu dem heute bekannten „Rotebühl". Das Stadttor wurde in den 1830er-Jahren abgebrochen.

Die breite Rotebühlstraße geht hier in eine **Staffel über, die wir hinaufsteigen**. Am oberen Ende treffen wir dann auf die **Reinsburgstraße, die wir an der Ampel überqueren**. Danach folgen wir der Rotebühlstraße auf der rechten Straßenseite. Sie endet an der **Röckenwiesenstraße, in die wir links einschwenken**, um nach wenigen Metern **rechts in einen Fußweg einzubiegen**, der uns durchs Grün den Berg hinaufführt. Am Ende des Weges treffen wir auf die **Rotenwaldstraße, die wir an der Ampel zu unserer Rechten überqueren**. Auf der anderen Straßenseite angekommen, gehen wir nun geradeaus **in die Straße Zu Westbahnhof 7**, die kurz darauf nach links abknickt. Nach knapp 200 Metern sehen wir rechts unser erstes Ziel.

2. Westbahnhof
Altes Stellwerk

Das kleine Häuschen mit der Adresse West-bahnhof 7 ist eines der wenigen Überbleib-sel des gleichnamigen Bahnhofs, an dem noch bis 1985 Regionalzüge hielten. Un-ter König Karl wurde 1879 die sogenannte Gäubahnstrecke, die wir vor uns sehen, eingeweiht. Zehn Jahre später entstand der Bahnhof am westlichen Rand des Tal-kessels, der den Zentralbahnhof in der Innenstadt vom Personen- und Gepäck-verkehr entlasten sollte. Mit der Eröffnung des S-Bahn-Tunnels nach Vaihingen in den 1980er-Jahren wurde der Westbahn-hof schließlich überflüssig. Das kleine Stellwerkhäuschen vor uns wurde 1927 er-richtet.

Gegenüber dem Stellwerkhäuschen ge-hen wir über den Vorplatz einer Wasch-anlage zurück zur **Rotenwaldstraße, der wir nun nach rechts bergauf** folgen. (Da der Geh-weg hier recht schmal ist und die Vegetation ihn sich auch gerne einverleiben möchte, müssen Gruppen die Strecke an der Rotenwaldstraße leider im Gänsemarsch zurücklegen. Da es hier keine Ampel gibt, verläuft die Route rechts der Straße.) Nach circa 500 Metern erreichen wir eine Aussichtsplattform.

3. Wilhelm-Charlotten-Blick

Der Aussichtspunkt Wil-helm-Charlotten-Blick wurde vom Verschöne-rungsverein Stuttgart 1911 eingeweiht. In die-sem Jahr feierten König Wilhelm II. von Würt-temberg und seine Gattin Charlotte Silber-ne Hochzeit, woran ein Gedenkstein auf dem Aussichtspunkt erinnert. Zudem war die Anlage auch ein Geschenk des Vereins an sich selbst, da dieser im selben Jahr sein 50-jähriges Bestehen feierte. Damals war die Rotenwaldstraße freilich noch weit weniger befahren und der nahe Wald ein beliebtes Ausflugsziel. Ausflügler können noch heute hier die schöne Aussicht über den Stuttgarter Westen genießen.

Nur wenige Meter weiter führt uns nun ein **Waldweg zu unserer Rechten** ins Grüne. An der ersten **Weggabelung biegen wir in den linken Weg** ein und folgen diesem rund 400 Meter bergauf. Dann erreichen wir eine zwei-te **Gabelung, wo wir abermals den linken, steil ansteigenden Waldweg** nehmen. Wir treffen schließlich wieder auf die **Rotenwaldstraße, an der entlang wir bis zur Bushaltestelle** gehen. Nach der Haltestelle führt uns der Gehweg nach rechts **zu einem Zebrastreifen. Über diesen und die sich ihm anschließende Ampel über-queren wir nun die Geißeichstraße.** Auf der anderen Straßenseite angekommen, stehen wir nun vor einer **Treppe, die wir hinaufsteigen.** An der **Weggabelung nehmen wir den rechten Weg**, der sich nun in einer Spirale den Berg hi-naufwindet.

4. Auf dem Birkenkopf

Wir befinden uns nun auf dem Birkenkopf, der im Volksmund auch „Monte Scherbelino" genannt wird. Diesen Namen erhielt er, als man nach dem Zweiten Weltkrieg 1,5 Millionen Kubikmeter Gebäudetrümmer aus der Innenstadt hier hinauf karrte und der Berg damit um 40 Meter in die Höhe gewachsen war. Der Schutt wurde anschließend mit Erde bedeckt, damit sich die Natur den künstlichen Hügel einverleiben konnte. An seine Entstehung erinnern noch immer zahlreiche sichtbare Gebäudetrümmer, die als Mahnmale gegen Krieg auf der Spitze des Bergs zu sehen sind. Die großartige Aussicht von hier oben auf weite Teile des Stadtgebiets macht den Birkenkopf zu einem beliebten Ausflugsziel.

Wir folgen dem **Spiralweg wieder bergab**. Mittels Ampeln **überqueren wir zunächst die Geißeich- und dann die Rotenwaldstraße**. Auf der gegenüberliegenden Straßenseite gehen wir nun **nach links, um nur wenige Schritte weiter – vor der Bushaltestelle – rechts in einen Waldweg** einzubiegen. Diesem folgen wir nun knapp 600 Meter (unterwegs führen an einer Wegegabelung zwei Wege weiter geradeaus, wir nehmen hier vorzugsweise den rechten). Wir treffen **beim Verlassen des Waldes auf die Hasenbergsteige, der wir nun weiter geradeaus** folgen. Schon nach wenigen Schritten biegen wir **rechts in einen weiteren Waldweg** ein, um **gleich darauf den Weg zu unserer Linken** zu wählen. Wenige Meter weiter sehen wir nun die Überreste eines Turmes.

5. Hasenbergturm

1879 wurde hier auf dem Hasenberg ein 36 Meter hoher Aussichtsturm aus rotem Sandstein erbaut. Da der Hasenberg mit über 450 Metern Höhe bereits eine der höchsten Erhebungen der Stadt ist, war die Aussicht vom Hasenbergturm grandios. Der Turm hätte im Zweiten Weltkrieg den Flugzeugen der Alliierten jedoch als Orientierungspunkt dienen können, und so ließen ihn die Nationalsozialisten 1943 sprengen. Der fünf Meter hohe Turmstumpen vor uns ist alles, was von ihm geblieben ist. Wenige Meter vom Turm entfernt befindet sich das „Waldhaus". Es war ab 1900 ein beliebtes Ausflugslokal, in dem in den kommenden Jahren wieder eine Gaststätte eröffnet wird.

Wir gehen nun **links am Turmstumpf vorbei die Treppen** hinunter und folgen dem Weg im Grünen, parallel zur Hasenbergsteige. An der **T-Kreuzung gehen wir nach rechts**, um wenige Schritte weiter direkt hintereinander **zweimal links** einzubiegen.

6. Am Hauff-Denkmal

7. Haus Hohenberg
Hasenbergsteige 79

Das Denkmal für den Stuttgarter Schriftsteller Wilhelm Hauff wurde 1882 eingeweiht. Die Büste wurde jedoch im Zweiten Weltkrieg eingeschmolzen und 1955 ersetzt. Aus Hauffs Feder stammen Märchen wie „Die Geschichte von dem kleinen Muck", „Der Zwerg Nase" und „Das kalte Herz". Hauff wurde nur 24 Jahre alt und liegt auf dem Hoppenlaufriedhof begraben.

Wir folgen dem **Weg weiter bergab, der in der Mitte der Grünanlage** entlang der Hasenbergsteige verläuft.

Auf unserem Weg bergab fällt zu unserer Rechten das Haus Nummer 79 auf. Das sogenannte Haus Hohenberg erinnert mit seinem Turm und dem markanten Eingangstor an Kirchenbauten. Doch die Villa war nie ein Gotteshaus. Sie wurde 1908 erbaut und vom Kunsthistoriker Gottfried Hermann Wurz bewohnt. Dieser war ein Gegner der Nationalsozialisten und Leiter einer kommunalen Oppositionellengruppe. Deren Treffen waren illegal und fanden häufig hier im „Haus Hohenberg" statt. 1944 wurde Wurz schließlich von der Gestapo verhaftet und kam ein Jahr später ums Leben.

Wir setzen unseren Spaziergang durch den Grünstreifen an der Hasenbergsteige fort und stellen fest, dass die Zahl der Plastiken, die unseren Weg säumen, zunimmt. Am Ende der Grünfläche angekommen, sind wir von Kunstwerken umgeben.

9. Alexanderhäusle
Hasenbergsteige 60

8. Skulpturenpark

In Haus Nummer 65 lebte und arbeitete der Maler und Bildhauer Otto Herbert Hajek bis zu seinem Tod 2005. Sein bunt bemaltes Wohnhaus ist kaum zu übersehen. In unmittelbarer Nachbarschaft seines Anwesens – auf dem Grünstreifen, den wir entlangspazierten – stellte der Künstler einige seiner abstrakten Skulpturen auf. Sie sollten allen Interessierten zugänglich gemacht werden, denn Hajeks Werke entstanden primär für den öffentlichen Raum. Man findet sie auch an ganz unterschiedlichen Stellen in Stuttgart. Bekannte Skulpturen des Künstlers sind auch das Stadtzeichen 1969/1974 auf der Theodor-Heuss-Straße oder die Raumbewegung 76/86 II auf dem Moltkeplatz im Stuttgarter Westen.

Das sogenannte Alexanderhäusle wurde voraussichtlich in den 1730er-Jahren erbaut und ist somit eines der ältesten Bauwerke im Stuttgarter Westen. Das kleine Gartenhäuschen wurde nach dem württembergischen Herzog Carl Alexander benannt. Doch nicht weil dieser hier einst weilte, sondern weil protestantische Oppositionelle sich hier trafen, die mit dem katholischen Herzog unzufrieden waren. Des Weiteren erzählt man sich, dass sich der russische Pianist Anton Rubinstein in den 1850er-Jahren hier heimlich mit seiner Geliebten – der Tochter eines Obertribunalpräsidenten, der die Beziehung nicht duldete – traf.

Vom Alexanderhäusle aus gehen wir nur 200 Meter weiter den Berg hinunter, bis wir links auf eine Aussichtsplattform treffen.

Wir verlassen den Skulpturenpark und **gehen die steile Hasenbergsteige weiter bergab**. Nach wenigen Metern fällt zu unserer Linken ein kleines Häuschen auf.

Kurz vor der Aussichtsplattform biegt rechts die Straße Blauer Weg ein. Dieser ist Teil des sogenannten Blaustrümpferwegs – einem beliebten Wanderweg der Stuttgarter, der den Stadtteil Heslach einmal umrundet.

10. Aussichtspunkt
Wasserspeicher

Den tollen Ausblick auf den dicht bebauten Stuttgarter Westen verdanken wir einem Wasserspeicher, auf dessen Dach wir nun stehen. Im Tal setzen hie und da so markante Bauwerke wie die Elisabethenkirche, das schwarze Bankhaus an der Schwabstraße oder der Turm der Johanneskirche am Feuersee Akzente und helfen bei der Orientierung. Auf der gegenüberliegenden Straßenseite – bei Haus Nummer 51, das nur von der Straße Blauer Weg aus zu sehen ist – befindet sich Stuttgarts ältester Wasserspeicher. Das Seewasserwerk Hasenberg nahm 1874 den Betrieb auf und dient noch heute der Trinkwasserversorgung.

Knapp 400 Meter weiter die Hasenbergsteige entlang führt linker Hand ein Stäffele bergab.

11. Über dem Schwabtunnel
Hasenbergsteige 20/22

12. Am Fischer-Denkmal

Das Denkmal Johann-Georg-Fischers erinnert seit 1900 an den schwäbischen Lyriker, der in Stuttgart lebte und wirkte. Der Hasenberg, den wir nun hinabspaziert sind, schiebt sich zwischen die Bezirke Stuttgart-West und -Süd. Die steile Straße wurde bereits vor Jahrhunderten angelegt und führte von der Residenzstadt hinaus in Richtung Calw. Anfang des 20. Jahrhunderts wurden hier zahlreiche Villen erbaut, und der Berg erhielt daher den Spitznamen „Prominentenhügel". Regierungsräte, Fabrikanten und Privatiers siedelten sich hier an. Zu einem der Anwohner gibt es weiter unten mehr zu erzählen.

Direkt unter uns bohrt sich der Schwabtunnel durch den Hasenberg. Die Staffel zu unserer Linken führt hinunter zur Schwabstraße, der der Tunnel seinen Namen verdankt. Die Straße wiederum ist nach dem Stuttgarter Schriftsteller Gustav Schwab benannt. Eine Büste, die Schwab zeigt, sehen wir an der Fassade von Haus Nummer 20.

Wenige Meter weiter die Hasenbergsteige bergab wird diese abermals durch einen Grünstreifen in der Mitte zweigeteilt. Wir **betreten die Grünfläche** an ihrem oberen Ende und treffen auf ein weiteres Denkmal.

Wir verlassen den Grünstreifen nun wieder und folgen der **Hasenbergsteige auf der rechten Seite** noch einmal wenige Meter bergab, bis wir **zu unserer Rechten die Staffel bergauf** nehmen (ein Schild weist hier auf den Weg zur Karlshöhe hin). Das Stäffele geht in einen Trampelpfad über, der uns direkt auf einen Krater zuführt, in dem sich ein Kinderspielplatz befindet. Dort wählen wir den Weg **rechts am Krater entlang, um an der Weggabelung den rechten Weg bergauf** zu wählen, der uns auf eine Brücke führt.

13. Karlshöhe
Auf der Brücke

14. Ecke Willy-Reichert-Staffel
und Humboldtstraße

Dass wir auf der Karlshöhe statt eines Gipfels einen Krater vorfinden, liegt an der Tatsache, dass der Bergrücken jahrhundertelang als Steinbruch diente. Der hier abgebaute Sandstein fand unter anderem beim Bau der Stiftskirche und beim alten Schloss Verwendung. Die Brücke, auf der wir stehen, wurde erst nach der Umwandlung der Karlshöhe in eine Parkanlage errichtet. Am Rande des Kraters kamen wir an moosbedeckten Sockeln in Form einer abgestumpften Pyramide vorbei. Diese stützten im Zweiten Weltkrieg eine große Flugabwehrkanone der Wehrmacht.

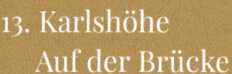 Wir verlassen die Brücke und **folgen dem Weg zu unserer Rechten** geradeaus, bis dieser nach wenigen Metern **rechter Hand in die Willy-Reichert-Staffel** übergeht, die wir hinuntersteigen.

Die Staffel wurde nach dem Stuttgarter Schauspieler und Humorist Rudolf Wilhelm Reichert benannt. Bekannt wurde dieser vor allem zusammen mit Oscar Heiler als Schwaben-Duo „Häberle und Pfleiderer".

Das kleine Weingut links gehört der Stadt Stuttgart. Diese besitzt im gesamten Stadtgebiet Weinreben auf insgesamt 17 Hektar Fläche. Auch der Weinberg an der Neuen Weinsteige direkt gegenüber gehört dazu.

Die **Staffel hinunter** stoßen wir auf die **Mörikestraße, in die wir links einbiegen.** Dabei bewegen wir uns entlang der Mauer, die das städtische Lapidarium einfasst.

15. Lapidarium
   Mörikestraße 24

500 Jahre steiner-
ne Geschichte sind
im   städtischen
Lapidarium   zu
besichtigen.   Sta-
tuen, Ornamente,
Gedenktafeln   und
Büsten   befinden
sich hier in einem
ehemaligen Privat-
garten im Stil der
italienischen Renaissance. Bereits sein
ursprünglicher Besitzer hatte einen Wan-
delgang anlegen lassen, der zahlreiche
steinerne Überreste römischer Bauten
und Statuen zeigt. In den 1950er-Jahren
verlegte die Stadt die Sammlung ihres La-
pidariums bei der Hospitalkirche hierher,
zusammen mit bedeutenden Kriegstrüm-
mern. Das Lapidarium ist Teil des Stadtpalais Stuttgart und von Juni bis Septem-
ber, Samstag und Sonntag nachmittags
geöffnet.

👣 Wir folgen der **Mörikestraße weiter
    bergab**, bis diese auf die **Hohenstau-
fenstraße trifft. Wir überqueren diese** am Zebrastreifen und betreten die Grünanlage vor uns,
wo wir unsere Tour durch den „Grünen Westen"
– angekommen im „Grünen Süden" – nun beenden.

16. Mörikeanlage

Die Mörikeanlage wurde nach dem schwäbischen Lyriker Eduard Friedrich Mörike
benannt, der ein Vierteljahrhundert in
Stuttgart lebte und hier verstarb. Von ihm
stammen beispielsweise das Märchen
„Das Stuttgarter Hutzelmännlein" und die
Novelle „Mozart auf der Reise nach Prag".
In Zentrum der kleinen Parkanlage wurde
1880 ein Denkmal für den Erzähler eingeweiht. Den Sockel, auf dem eine Büste Mö-
rikes thront, ziert ein Bild Euterpes – der
Muse der Lyrik.

Hier lohnt sich ein Besuch!

① Tübinger Straße

Sie ist das Bindeglied zwischen der Stuttgarter City und dem Bezirkszentrum im Süden. Hier haben sich zahlreiche Cafés, Bars und Restaurants angesiedelt. Zudem findet man hier eine Vielzahl an Altbauten. Diese reihen sich bis in die Innenstadt hinein aneinander.

② St. Maria

Die Kirche St. Maria war der erste katholische Kirchenbau nach der Reformation in Stuttgart. Sie wurde im Stil einer gotischen Kathedrale erbaut und 1879 geweiht.

Tübinger Straße 36

Gastro-Tipp

Ⓘ Sattlerei
Bar, Café

Tübinger Straße 68
sattlerie.co

ⒾⒾ Café Graf Eberhard

Nesenbachstraße 52
cafegrafeberhard.de

Ⓘ Ⓘ Ⓘ Tauberquelle
Restaurant (schwäbische Küche)

Torstraße 19
tauberquelle-stuttgart.de

Ⓘ Ⓥ Reiskorn
Restaurant (internationale Küche)

Torstraße 27
das-reiskorn.de

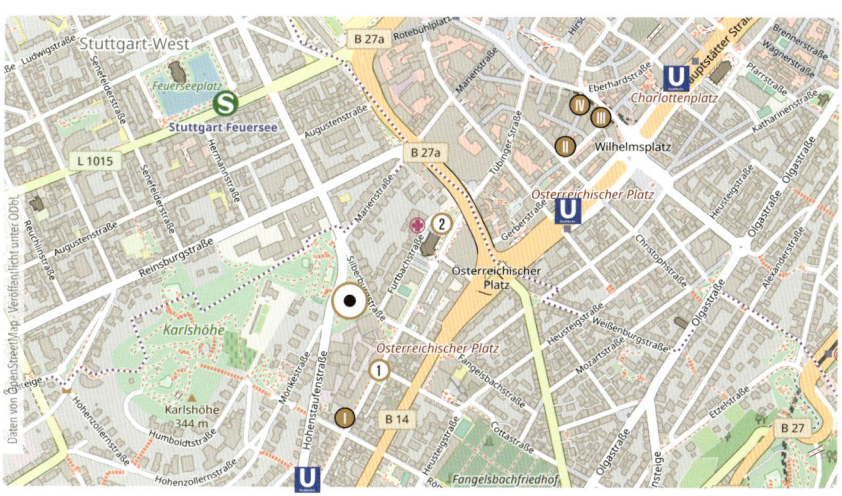

So reisen Sie weiter

Am oberen Ausgang der Mörikeanlage befinden sich Bushaltestellen.

Bergabwärts und die Tübinger Straße links hinunter erreichen wir zwei Stadtbahnhaltestellen: die Haltestelle Rotebühlplatz nach 650 Metern und die Haltestelle Österreichischer Platz nach 700 Metern (über die Christophstraße).

Bergabwärts und die Tübinger Straße rechts hinauf erreichen wir nach 500 Metern die Haltestelle Marienplatz.

Unser Tipp: GO WESCHT - Die Entdeckungstour von UNNÜTZES STUTTGARTWISSEN
Informationen und Termine unter Stuttgart-Entdeckungstouren.de

Stichwortverzeichnis

Unnützes Stuttgartwissen
Von Akropolis bis Zepellin

UNNÜTZES STUTTGARTWISSEN mag für jeden etwas anderes sein. Für über 40.000 Facebook-Fans und unzählige Leser des Web-Blogs scheint Patrick Mikolaj genau das richtige Unnütze zusammen zu tragen. „Die eigene Stadt neu kennenlernen", lautet das Ziel.

Was kein Geschichtsband und kein Reiseführer schafft, das schafft dieses Buch. Und weil das Internet so unhandlich ist, gibt es diese kleinen Wissenshappen nun auch als Offline-Version. Jederzeit griffbereit, immer lesenswert und mit vielen Bildern illustriert.

Zum Stillen des eigenen Wissensdurstes, zum Angeben vor Freunden oder als Geschenk für alte Hasen und Neubürger: **UNNÜTZES STUTTGARTWISSEN - Von Akropolis bis Zeppelin** ist für jeden Stuttgarter und Freunde der Stadt ein Muss im Bücherregal.

Unnützes Stuttgartwissen
RELOADED

UNNÜTZES STUTTGARTWISSEN kann man nie genug haben! Daher wurden viele weitere „unnütze" Fakten zur Schwabenmetropole in dieses Buch gepackt.

Die kleinen Anekdoten und Wissenshappen über Stuttgart begeisterten bereits Zehntausende Interessierte im Internet und mit dem ersten Band Von Akropolis bis Zeppelin. Doch es gibt noch massenhaft skurrile, lustige und unbekannte Fakten zur Landeshauptstadt, die dieses neue Buch bereithält.

„Die Stadt mit anderen Augen sehen", so lautet hier das Ziel! Das vorliegende Buch ist eine unterhaltsame Entdeckungsreise durch die Geschichte, die Gegenwart und die Zukunft Stuttgarts. **UNNÜTZES STUTTGARTWISSEN – Reloaded** vereint das Beste aus Band zwei und Band drei der Buchreihe, ergänzt mit vielen neuen Wissenshappen. Ein Muss für jeden Stuttgarter und Zugezogenen, für jeden Fan der Stadt oder jene, die es werden wollen!

ENTDECKEN SIE STUTTGART!

Die Stadtführung für Stuttgart-Kenner

Sie kennen sich in Stuttgart bereits bestens aus? Sind Sie sicher? Dann verlassen Sie doch einfach mal den Schloßplatz und die Königstraße und erforschen Sie gemeinsam mit uns die „unbekannte" City. Denn vor allem jenseits der B 14 gibt es noch überraschend viele Altstadtviertel, und das historische Stuttgart ist noch an vielen Ecken zu erahnen.

Die Stadtführung für Neugierige

Besuchen Sie auf einem rund 1 1/2-stündigen Spaziergang die wichtigsten Sehenswürdigkeiten der Landeshauptstadt Baden-Württembergs und erleben Sie die rund 1.000- jährige Stadtgeschichte auf unterhaltsame Weise.

Die Stadtführung durch das bunte Stuttgart

Erlebe auf einem rund 2-stündigen Spaziergang durch die baden-württembergische Landeshaupstadt deren spannende Geschichte. Diese Entdeckungstour ist zudem eine Zeitreise in Stuttgarts schwul-lesbische Vergangenheit – von der Monarchie bis zum heutigen Leben in der Regenbogen-Community.

Die Stadtführung durch den Wilden Westen

Der größte Innenstadtbezirk der Landeshauptstadt – Stuttgart-West – versprüht ein urbanes Flair, bietet urige Plätze, überrascht mit spannender Architektur und steckt voller Geheimnisse! Dichter und Denker, Tüftler und Verbrecher – sie alle haben im Westen ihre Spuren hinterlassen.

Tickets und Infos:

Alle Tour-Termine finden Sie unter: **www.Stuttgart-Entdeckungstouren.de**